중국어 직독직해

중국어
직독
직해

초 판 인 쇄	2024년 2월 23일
초 판 발 행	2024년 2월 27일
펴 낸 이	윤준우
펴 낸 곳	STT Books
지 은 이	STT Books 편집부
중 문 감 수	原美琳
편 집	STT Books
디 자 인	정다운 (Double D & Studio / ekdnsdl5513@naver.com)
삽 화	산그림 작가 신연지 (bae2catsit@gmail.com)
출 판 등 록	제353-2020-000012호
주 소	인천광역시 남동구 백범로 399 아트폴리스 1211호
홈 페 이 지	sttbooks.modoo.at
e - m a i l	sttbooks@naver.com
I S B N	979-11-970373-3-7 13720
정 가	17,000원

본 도서는 저작권법에 의해 보호를 받는 저작물입니다.
출판사의 허락 없이 본 도서의 내용을 복사하거나 전재 또는 발췌할 수 없습니다.

잘못된 책은 구입처에서 교환해 드립니다.

중국어 직독직해

머리말

직독직해는 영어를 비롯한 다른 외국어 학습에서 자주 언급하는 독해 방식으로, 해당 외국어의 문법적 특징과 표현 방식에 빨리 익숙해지는 효과적인 방법으로 알려져 있다. 학습자는 처음 외국어를 공부할 때 모국어의 관점에서 이해하고 관련 지식을 습득한다. 하지만 수준이 높아질수록 모국어의 의존도를 낮추고 해당 외국어의 특징에 얼마나 빨리 익숙해지느냐가 학습의 성취도를 좌우한다.

중국어 학습 또한 예외가 아니다. 모든 게 낯선 초급 단계는 중국어 단어 하나하나를 우리말로 바꿔야 이해할 수 있기에 어쩔 수 없이 우리말의 의존도가 높을 수밖에 없다. 하지만 많은 학습자가 중급 이상으로 올라가도 여전히 중국어를 우리말과 일대일로 대응시켜 이해하는 학습 방식에 머물러 있다. 우리말로 정확하게 이해하는 것도 필요하지만, 중국어를 중국어 본래의 뜻으로 이해하려는 노력이 뒷받침되어야 학습자의 중국어 수준을 끌어 올릴 수 있다. 특히 우리말식 표현에서 벗어나 자연스러운 중국식 표현을 익히려면 우리말의 의존도를 낮춰야 한다. 이런 이유로 중국어 문법을 익히고, 일정량의 어휘 실력을 갖춘 학습자에게 직독직해를 추천한다.

본 교재는 직독직해를 처음 접하거나, 익숙하지 않은 학습자를 대상으로 삼는다. 왜 직독직해를 해야 하는지?, 직독직해를 통해 어떤 효과를 얻을 수 있는지? 직독직해를 잘하기 위해서는 또 어떤 연습과 노력이 필요한지? 등을 설명하여 분명한 목표를 가지고 학습에 임하도록 하였다. 원활한 직독직해 연습을 위해 중급 수준의 학습자라면 어렵지 않게 읽어낼 수 있도록 비교적 쉬운 문장을 위주로 내용을 구성하였다. 여기에 정치, 경제, 과학 등등 배경 지식 및 전문 용어가 필요한 분야는 최대한 배제하였다. 그리고 단문의 비중을 높여 다양한 문장에 대한 적응력을 높이는 데 주력하였다. 또한 학습자가 집중력 있게 문장을 읽을 수 있고, 복습에도 용이하도록 예문의 양을 많지 않게 조절하여 실었다. 아울러 번역문은 학습자의 이해를 돕기 위해 우리말 표현에 근거하여 정제된 언어로 표현하되, 직역에 가깝게 서술하여 직독직해를 연습하는 학습자에게 도움이 되도록 하였다.

본 교재에서 다루는 직독직해 연습 방법은 여러 선배 학습자들의 경험을 토대로 구성하였다. 그래서 본인한테 적합하지 않을 수도 있다. 본 교재를 통해 직독직해를 연습하며 학습자 스스로가 자신에게 맞는 방법을 찾을 수 있도록 노력하자. 더 나아가 공부를 위한 "독해"가 아닌 지식 습득의 "읽기"로서 중국어를 접하는 계기가 되길 바란다.

요즘은 과학 기술의 발달, 특히 AI의 출현으로 외국어 학습에 대한 개념이 송두리째 바뀌고 있고, 외국어 학습 무용론까지 대두되는 상황이다. 하지만 단순히 의미 전달을 넘어 또 다른 문화를 즐길 수 있는 새로운 통로로서 외국어 학습이 자리 잡길 희망한다.

CONTENTS

서론 : 직독직해란 무엇이며, 어떻게 연습해야 하는가? 008

제 1장
직독직해
기초 연습 1

1. 직독직해의 흐름과 문장 성분 이해하기 016
2. 우리말 어순과 비슷한 문장 읽기 028
3. 우리말 뜻으로 문장 읽기 036
4. 계단식으로 나눠 읽기 044

제 2장
직독직해
기초 연습 2

1. 부정사 읽기 054
2. 조동사 읽기 064
3. 동작, 상황을 연결하여 읽기 070
4. 목적어 부분이 긴 문장 읽기 078

제 3장
직독직해
기초 연습 3

1. 접속사와 부사에 집중하자 088
2. 문장에 없는 부분을 파악하자 104
3. 문장의 내용을 장면으로 연상하자 114
4. 중요 내용에 밑줄을 그어가며 읽어보자 124

제 4장
**직독직해
실전 연습 1**

1. 짧은 분량의 직독직해 A 136
2. 짧은 분량의 직독직해 B 146

제 5장
**직독직해
실전 연습 2**

1. 选择 168
2. 善良都在细微处 170
3. 别站在烦恼里仰望幸福 172
4. 不良表情, 老化最大元凶 174
5. 啤酒 176
6. 你该不该相信直觉? 178
7. 包子进入美国家庭 180
8. 陪购师 182
9. 儿童免票标准再起争议 184
10. 健品诈骗类骗局 187

서론:
직독직해란 무엇이며, 어떻게 연습해야 하는가?

〈직독직해란 무엇인가?〉

　중국어 문장을 읽으며 우리말 해석을 따로 하지 않고도 내용을 즉시 이해하는 독해 방식이다. 직독직해의 장점은 주어, 목적어, 동사를 찾아 문장 앞뒤로 옮겨 다니며 일일이 우리말로 해석하는 방식에서 벗어나 중국어 어순 구조에 빨리 적응하도록 도와준다는 점이다. 더 나아가 직독직해는 중국어를 중국어 본래 의미대로 이해할 수 있게 만들어 중국식 표현 방식에 대한 이해의 폭을 넓혀준다.

　아울러 직독직해가 익숙해지면 듣기 능력 향상에도 도움을 준다. 듣기가 잘 안 되는 데는 여러 이유가 있지만, 문장을 어순 그대로 받아들이는 연습이 부족했던 점도 주된 이유 중 하나이다. 그래서 눈에 보이는 순서대로 해석하는 직독직해가 익숙해지면 귀에 들리는 순서대로 뜻을 파악하는 데도 수월하다.

　결론적으로 직독직해는 중국어의 언어적 특징을 잘 이해할 수 있게 도와줘 말하기와 듣기를 포함하여 전체적인 어학 수준을 향상시킬 수 있는 토대를 마련해 준다. 중국어 문법을 익히고 어휘량이 쌓였다면, 그리고 중국어를 더 잘하고 싶다면 직독직해를 해야 한다.

⟨직독직해 연습법⟩

　직독직해는 중국어 문장 구조와 표현 방식에 익숙해지는 과정으로 지속적이고 반복적인 연습이 필요하다.

01 우리말과의 씨름은 이제 그만!!!

　직독직해를 잘하려면 먼저 학습자가 중국어 문장을 우리말로 매끄럽게 해석하려는 강박증에서 벗어나야 한다. 해석은 문장의 내용을 이해하는 것이지, 번역처럼 정제되고 유려한 언어로 서술하는 게 아니다. 문장의 내용을 명확히 이해한다면 굳이 우리말과 씨름을 벌여가며 매끄러운 해석에 집착할 필요가 없다. 그리고 초급 단계를 지나 중급 단계에 올라서면 우리말 해석의 의존도를 점차 낮추고 중국어 본래의 뜻으로 이해하려는 노력이 뒤따라야 한다. 지나치게 우리말 해석에 의존하는 학습 방식은 모국어의 간섭에서 벗어날 수가 없게 만들어 학습자의 실력 향상을 더디게 한다. 결국 중국어를 중국어 본래의 의미로 이해하는 단계로의 진입에 걸림돌로 작용한다.

　직독직해가 필요한 궁극적인 이유는 중국어 문법 체계와 표현 방식에 빨리 적응하기 위함이고, 우리말 간섭을 줄여 중국식 사고를 좀 더 깊게 이해하는 데 있다.

02 내용이 쉽고 짧은 문장부터 읽는다.

　직독직해는 문장을 읽음과 동시에 내용을 파악하는 독해 방식으로 읽는 흐름이 중요하다. 모르는 단어가 많으면 자주 사전을 찾게 돼 읽는 흐름이 깨지고, 내용이 어려우면 읽어도 이해가 되질 않아 독해의 의미가 없어진다. 따라서 직독직해를 권장하는 전문가들은 먼저 내용이 쉽고 글자 수가 적은 짧은 문장부터 읽어보라고 조언한다. 자신의 독해 능력과 어휘량을 고려하여 대략 난이도가 본인의 독해 실력 대비 80%를 넘지 않는 수준의 문장이 적합하다.

가능하면 내용이 쉽고 10글자 미만의 짧은 문장부터 읽어보자, 초급 교재를 천천히 읽으며 직독직해 요령을 익히는 것도 좋다. 문장 구조가 한눈에 들어오고, 일일이 우리말로 해석하지 않아도 내용이 이해된다면 점차 난이도를 높인다.

03 눈으로 읽고 큰 소리로 복습한다.

직독직해는 낭독이 아니다. 문장을 읽는 즉시 내용을 파악하려면 소리 내어 읽는 것보다 눈으로 읽는 게 효과적이다. 소리 내어 읽다보면 발음에도 신경을 써야 하기에 온전히 의미 파악에만 집중하기가 어렵다. 그래서 눈으로 천천히 문장을 보며 머릿속으로 내용을 이해하도록 노력한다. 이 때 눈으로 읽다 보면 자신도 모르게 스쳐 지나가듯 문장을 빨리 읽으려 할 때가 있다. 읽는 속도가 중요한 게 아니다, 천천히 읽으며 내용 파악에 집중한다.

그리고 직독직해는 문장 전체의 구조를 재빨리 파악하는 능력이 필요하다. 그래서 한 글자 한 글자 소리 내어 읽기보단 눈으로 읽으며 전체 문장을 한눈에 담아내야 한다. 문장을 다 읽고 이해가 되었다면 큰 소리로 다시 한 번 천천히 읽어보자.

04 우리말 어순과 비슷한 문장부터 읽는다.

우리말과 중국어의 어순 차이는 직독직해를 어렵게 만드는 여러 걸림돌 중 하나이다. 만약 중국어가 <주어 + 목적어 + 서술어> 순으로 우리말과 비슷하게 배열된다면 단어(혹은 글자)의 뜻만 알아도 어순대로 읽으며 내용을 파악하기 쉬울 것이다. 그만큼 직독직해는 어순의 영향을 많이 받는다. 중국어에는 우리말 어순과 유사한 문장이 꽤 있다. <把字句>와 <의미상의 피동문>이 대표적이며, 목적어를 취하지 않는 <형용사 술어문>, <명사 술어

문>, <주술 술어문> 등도 우리말과 어순이 비슷하다.

직독직해가 익숙하지 않은 학습자는 먼저 우리말 어순과 비슷한 문장을 보며 읽는 즉시 내용을 파악하는 연습을 하면 매우 효과적이다.

05 눈에 들어오는 문장 성분들의 순서부터 익숙해지자.

<주어 + 시간 명사 + 부사(부정사) + 조동사 + 개사 구조 + 地조사 + 술어(동사/형용사) + 보어 + 목적어> 순서를 기억하자. 이것은 중국어 문장 성분의 기본적인 배열 순서이며, 왼쪽부터 읽을 때 눈에 들어오는 순서이기도 하다. 글자의 배열 순서가 매우 중요한 역할을 담당하는 중국어의 문법적 특징을 고려하면 반드시 숙지해야 한다. 다만 모든 문장이 이와 동일한 순서대로 나열되는 건 아니다. 하지만 띄어쓰기가 없는 중국어의 특성을 고려할 때, 개략적인 배열 순서를 미리 머릿속에 그려놓고 문장을 읽으면 문장 성분을 파악하기가 쉬워 내용을 이해하는 데도 훨씬 유리하다. 또한 중국어의 문장 구조에 빨리 적응되어 듣기, 말하기, 작문에도 도움이 된다.

06 직독직해는 복습이 중요하다.

처음부터 직독직해를 잘할 순 없다. 직독직해는 중국어 문장을 읽는 즉시 머릿속으로 의미를 파악하는 과정으로 두 가지 동작을 동시에 수행한다는 점에서 난이도가 꽤 높은 학습 방식이다. 게다가 중국어는 우리말과 문법 체계와 표현 방식이 달라 뇌에서 처리하는 정보량이 많아져 학습자들이 직독직해를 어렵게 느낀다. 따라서 반복 연습이 반드시 필요하다. 한 번의 직독직해로 내용을 이해할 수 없다면, 문장을 다시 천천히 읽어보자. 두 번, 세 번 반복해서 읽다보면 중국어 문장 구조가 눈에 익숙해지고, 중국어를 중국어 본래 의미로 이해할 수 있는 요령을 습득하게 된다. 그래서 긴 문장보다는 짧은 문장, 복문보다는 단문이 반복 연습에 적합하다.

07 내용을 그림으로 연상하여 이해한다.

　　직독직해는 우리말 해석을 거치지 않고 내용을 이해하는 게 핵심이다. 문장을 읽다보면 여러 동작 또는 복잡한 상황이 출현하여 우리말로 해석할 때 말이 꼬이고 적절한 단어가 생각나지 않을 때가 있다. 이 때 우리말로 해석하려 애쓰지 말고, 내용을 그림 혹은 여러 가지 기호 등을 이용하여 하나의 장면으로 연상해 보자. 마치 만화 또는 영화를 본다는 생각으로 읽어보자. 그림이나 기호는 문자로 서술하는 것보다 상황을 함축적이고 상징적으로 나타낼 수 있는 장점이 있다.

　　아래의 예문을 우리말로 해석하지 말고 하나의 장면으로 연상해 보자.

那个警察把纸袋中的一口面包塞到嘴里，
掀起封锁线弯腰钻了过去。

<그 경찰은 봉지에 담긴 빵을 입에 넣고, 통제선을 들어 올리며 허리를 굽혀 들어갔다>

옆 문장은 우리말 해석 없이 그림만 보아도 내용을 짐작하는 데 큰 무리가 없다. 그래서 문장 속의 핵심 단어 및 주요 내용을 하나의 이미지로 바꿔 장면으로 연상해보자. 우리말로 해석할 필요 없이 직관적으로 내용을 이해할 수 있다.

08 결국은 어휘량에 달렸다.

문장 구조와 표현 방식은 일정한 패턴이 있어 자주 접하면 익숙해진다. 이때부터 직독직해의 속도와 질을 좌우하는 건 어휘량이다. 독해 범위가 넓어질수록 생소한 단어도 많이 나온다. 게다가 전문 분야는 얼마나 많은 관련 단어를 알고 있느냐가 독해의 퀄리티를 결정한다. 그만큼 어휘량은 외국어 학습에서 매우 중요한 요소이다.

또 한 가지 중요한 건 <搭配>를 많이 익혀야 한다. <搭配>란 특정 단어들이 호응 관계를 유지하며 함께 사용되는 단어 조합을 말한다. 대부분 동사와 목적어로 구성되어 문장 속에서 관련 내용을 서술할 때 사용한다. 특히 띄어쓰기가 없는 중국어는 <搭配>를 통해 함께 호응되는 단어를 찾아낼 수 있어 직독직해에 도움을 준다. 아울러 <搭配>는 독해를 비롯해 작문과 회화에도 유용하게 쓰인다.

이처럼 풍부한 어휘량과 <搭配>는 직독직해를 위한 필수 요소이며, 더 나아가 본인의 중국어 실력을 향상시키는 필수 자양분이다.

> **참고**
>
> 본 교재는 중국어 예문 밑에 우리말 해석을 중국어 어순에 따라 달아놓았다. 이것은 직독직해 과정을 학습자에게 보여주기 위함이다. 조금 어색해 보일 수 있지만 직독직해 요령을 익히는 데 참고하기 바란다.

제 1장
직독직해 기초 연습 1

　직독직해를 처음 접하는 학습자를 위해 기초적인 연습 방법을 소개한다. 주의할 것은 문장 앞뒤로 옮겨 다니며 주어, 동사, 목적어를 찾지 않고, 문법별로 조각조각 나누어 분석하듯 해석하지 않는다.
　예문으로 제시된 문장들은 내용이 단순하고 길이도 비교적 짧은 편이다. 조금 불편하고 익숙지 않더라도 천천히 읽으며 우리말 해석을 거치지 않고도 내용을 이해하도록 노력하자.

1 직독직해의 흐름과 문장 성분 이해하기

01 직독직해의 흐름

중국어 문장은 문장 성분을 기준으로 크게 <주어 부분 + 수식어 부분 + 서술어 부분 + 목적어 부분>으로 나눌 수 있다. 이것은 <누가 + 장소, 방식, 대상, 범위 등 + 어떤 행동을 하다 + 무엇을>이라는 서술 패턴을 보인다. 이런 서술 패턴을 미리 머릿속에 담아두고 눈에 보이는 어순대로 차례차례 읽어나간다.

1단계 주어 부분의 독해
- 문장의 주체를 확정하라
- 직독직해의 첫 단추를 끼우는 단계

2단계 수식어 부분의 독해
- 동작의 부가적인 상황을 파악하라
- 동작의 방식, 범위, 장소, 대상 등을 어순대로 해석하는 단계

3단계 서술어 부분의 독해
- 구체적인 동작을 이해하라
- 부정사, 조동사와 함께 문장의 동작, 상태를 파악하는 단계

4단계 목적어 부분의 독해
- 중심 단어를 찾아 문장의 내용을 완성하라
- 주어와 동작의 대상이 되는 부분을 찾아 완결하는 단계

02 단계별 문장 성분의 특징

1단계 - 주어 부분의 독해

- 왼쪽부터 읽을 때 가장 먼저 접하는 문장 성분으로 대부분 문장의 주체가 된다.
- <시간 관련 명사>, <접속사>, <부사> 등을 제외하면 대부분의 품사 및 다양한 형태의 단어 조합이 문장 첫머리에 등장하여 주어 역할을 할 수 있다.
- 직독직해의 첫 단추를 잘 끼우려면 먼저 다양한 형태의 주어를 잘 찾아야 한다.

예문

▶ **他**已经在中国学过三年中文了。
그 / 이미 중국에서 배운 적 있다 3년 중국어

(**그**는 이미 중국에서 중국어를 3년간 배웠다)

▶ **细心**是陈老师的特点。
꼼꼼하다 / ~이다 진 선생님의 특징

(**꼼꼼함**은 진 선생님의 특징이다)

▶ **经济发展**是一个国家的重要指标之一。
경제 발전 / ~이다 한 국가의 중요 지표 중 하나

(**경제 발전**은 한 국가의 중요 지표 중 하나이다)

단어

经济 jīngjì 경제
指标 zhǐbiāo 지표

▶ **全款付清**确实有些困难。
　전액 지불하다 / 확실히 조금 어렵다

　(**전액을 지불하는 건** 확실히 조금 어렵다)

단어

全款 quánkuǎn　전액
付清 fùqīng　지불하다

▶ **学中文**是为了了解中国文化和传统。
　중국어 배우다 / ~이다 위하다 이해하다 중국 문화와 전통

　(**중국어를 배우는 건** 중국 문화와 전통을 이해하기 위함이다)

▶ **写汉字**对西方人并不容易。
　한자 쓰기 / 서양 사람에 대해 결코 아니다 쉽다

　(**한자 쓰기**는 서양 사람에게 결코 쉽지 않다)

▶ **那两本参考书**早就被人借走了。
　그 두 권의 참고서 / 벌써 누군가에 의해 빌려갔다

　(**그 두 권의 참고서**는 벌써 다른 사람이 빌려갔다)

▶ **我们现在出发**比较踏实。
　우리 지금 출발하다 / 비교적 안심되다

　(**우리는 지금 출발하는 게** 비교적 마음이 놓인다)

단어

踏实 tāshi　(마음이) 놓이다, 편안하다

▶ **被恶梦折磨了几天的妹妹**终于跟医生说出了实情。
악몽에 의해 괴롭히다 며칠 여동생 / 마침내 의사에게 말하다 실제 사정

(**며칠 동안 악몽에 시달린 여동생**은 마침내 의사에게 사실을 말했다)

단어

恶梦 èmèng   악몽
折磨 zhémó   (정신적, 육체적으로) 괴롭히다, 고통스럽게 하다
实情 shíqíng   실제 사정

▶ **一个长相很市侩的光头老板**满脸堆笑很热情的招呼了我们。
한 생김새 매우 약삭빠른 대머리 사장 / 만면에 미소를 띠며 매우 친절하게 인사하다 우리

(**매우 약삭빠르게 생긴 대머리 사장**이 만면에 미소를 띠며 매우 친절하게 우리에게 인사를 했다)

단어

长相 zhǎngxiàng   생김새, 외모
市侩 shìkuài   (이익만 탐내는) 약삭빠른
满脸堆笑 mǎnliǎnduīxiào   얼굴에 웃음이 가득하다
招呼 zhāohu   (손짓하며) 부르다, 인사하다

2단계 - 수식어 부분의 독해

- <시간명사 + 부사 + 부정사(不, 没 등) + 조동사 + 개사구조 + 地조사> 순으로 나열되지만, 반드시 고정된 것은 아니다.
- 주어를 확정한 후, 보이는 문장 성분의 순서대로 해석한다.
- 부정사와 조동사는 긍정과 부정, 의지 표현, 능력, 추측 등 서술어에 영향을 미치기 때문에 뒤에 이어지는 서술어와 함께 해석한다.

예문

▶ 这件事，我还在清清楚楚地记在心里。
　　이 일　　　나 여전히 + 매우 명확하게 기억하다 마음속

(이 일을 나는 **여전히 매우 또렷하게** 마음속에 기억하고 있다)

▶ 我们都应该好好地学中文。
　　우리 모두 + 마땅히 ~하다 + 열심히 공부하다 중국어

(우리는 모두 **열심히** 중국어를 공부해야 합니다)

▶ 老王对这个问题没有完全理解。
　　라오왕 + 이 문제에 대해 + 아니다 + 완전히 이해하다

(라오왕은 **이 문제에 대해 완전히** 이해하지 못했다)

단어
理解 lǐjiě 이해하다

▶ 你们一定要热情友好地对待客人。
　　당신들 반드시 + ~해야 한다 + 열정적 친절하게 대하다 손님

(당신들은 **반드시 열정적이고 친절하게** 손님을 대해야 한다)

단어

对待 duìdài 대우하다, 접대하다

▶ 我们**昨天在家里**都很高兴地跟他**聊天**。
우리 어제 + 집에서 + 모두 + 매우 + 즐겁게 + 그와 + 이야기하다

(우리는 어제 집에서 모두 그 사람과 매우 즐겁게 이야기를 나누었다)

▶ 他们**昨天晚上已经把那些东西偷偷地**搬进屋里去了。
그들 어제 + 저녁 + 이미 + 그 물건들을 + 몰래 옮겨놓다 방안

(그들은 어제 저녁에 이미 그 물건들을 몰래 방안으로 옮겨 놓았다)

단어

偷偷 tōutōu 남몰래, 슬그머니
搬 bān 옮기다, 운반하다

▶ 毕业以后，姐姐本**来想在这城市里**找了一份专业对口的工作。
졸업 후   언니 본래 + ~할 생각이다 + 이 도시에서 찾다   전공에 맞는 일

(졸업 후, 언니는 본래 이 곳에서 전공에 맞는 직업을 찾을 생각이다)

단어

对口 duìkǒu 서로 희망 조건 또는 내용이 일치하다

3단계 - 서술어 부분의 독해

- 부정사(不, 没 등)와 조동사는 뒤에 나오는 서술어와 연결하여 해석한다.
- 결과보어, 정도보어, 시량보어, 동량보어는 우리말 관점에서 보면 서술어 앞에 쓰이는 부사어로 해석될 때가 많다. 서술어와 보어를 함께 묶어 해석한다.

예문

▶ 张老师明天要给我们当翻译。
   정 선생님 내일 ~ 할 것이다 우리에게 / 맡다 통역

(장 선생님이 내일 우리에게 통역을 맡아주실 거다)

단어

翻译 fānyì 통역하다, 번역하다

▶ 你们都不应该在教室里吃东西。
   당신들 모두 ~해서 안 된다 교실에서 / 먹다 음식

(당신들은 교실에서 음식을 먹어서는 안 된다)

▶ 妈妈中文说得非常流利。
   엄마 중국어 / 말하다 매우 유창하다

(엄마는 중국어를 매우 유창하게 합니다)

▶ 妹妹还没把英语作业写完。
   여동생 아직 ~않다 영어 숙제를 / 쓰다 완성하다

(여동생은 영어 숙제를 아직 다 하지 않았다)

▶ 西瓜吃多了容易拉肚子。

수박 / 먹다 많이 쉽다 배탈 나다

(수박을 많이 먹으면 배탈이 나기 쉽다)

단어

西瓜 xīguā   수박
拉肚子 lā dùzi   설사하다, 배탈이 나다

▶ 我们坐火车坐了十个小时。

우리 타다 기차 / 타다 10시간

(우리는 기차를 10시간 동안 탔다)

▶ 这么多汉子，他只写了两次就背上了。

이렇게 많다 한자,   그 단지 / 쓰다 두 번 곧 외웠다

(이렇게 많은 한자를 그는 두 번만 쓰고 외웠다)

단어

背上 bèishàng   암기하다, 외우다

▶ 决不是我不愿意帮你们的忙， 而是我做不到。

결코 ~아니다 나 원하지 않다 돕다 당신 일, ~이다 나 할 수 없다

(내가 당신들은 돕고 싶지 않은 게 아니다, 내가 할 수 없다)

단어

不是~~ 而是~~ : ~~이 아니고 ~~이다
做不到 : (능력, 방법 등이 없어) 할 수 없다

4단계 - 목적어 부분의 독해

- 문장의 마지막 부분으로 전체 문장의 내용을 완결한다.
- 주로 명사가 목적어 역할을 하지만, 동사의 성질에 따라 두 개의 목적어가 오거나 여러 품사로 조합된 다양한 형태의 목적어가 올 수 있다.
- 목적어 부분이 여러 단어들로 조합되어 비교적 길 경우 구조가 복잡하여 해석이 까다로울 수 있으니 주의한다.

예문

▶ **我们学习中文。**
우리 배우다 / 중국어

(우리는 **중국어**를 배운다)

▶ **他们一家人常去逛公园。**
그들 일가족 자주 가다 둘러보다 / 공원

(그들 가족은 자주 **공원**을 구경하러 간다)

단어
逛 guàng 한가롭게 거닐다, 산보하다

※ 두 개의 목적어를 취하는 동사가 나오는 문장

두 개의 목적어를 취하는 동사는 주로 给, 送, 还, 教, 问, 通知, 告诉, 答应 등이다. 대상과 구체적인 동작을 함께 묶어 내용을 파악한다.

▶ **王老师教他们 + 中国历史。**
왕 선생님 가르치다 / 그들 + 중국 역사

(왕 선생님은 **그들**에게 **중국 역사**를 가르친다)

▶ 每个学生问老师 + 一个问题。
  학생마다 묻다 / 선생님 + 하나의 문제

  (학생들마다 선생님께 한 문제씩 질문한다)

▶ 班长通知我们 + 明天下午没有课。
  반장 통지하다 / 우리 + 내일 오후 없다 수업

  (반장이 우리에게 내일 오후는 수업이 없다고 알려주었다)

▶ 空姐没告诉你们 + 要填写这张表吗?
  스튜어디스 ~하지 않다 알리다 당신들 + ~해야 한다 작성하다 이 표

  (이 표를 작성해야 된다고 스튜어디스가 당신들에게 알려주지 않았나요?)

단어

空姐 kōngjiě (空中小姐의 준말) 여자 승무원, 스튜어디스
填写 tiánxiě (일정한 양식에) 써넣다, 기입하다

※ 심리 동사가 나오는 문장의 목적어

사람의 심리 활동을 표현하는 동사를 "심리 동사"라고 하는데, 주로 <想, 爱, 喜欢, 打算, 担心, 讨厌, 觉得, 决定, 思考, 以为, 同意, 知道, 善于> 등이다. 이런 심리 동사는 <동사 + 목적어>, <주어 + 술어> 조합을 목적어로 취할 수 있으니 해석에 주의한다.

▶ 我很喜欢游泳, 不喜欢跳舞。
  나는 매우 좋아한다 / 수영, 좋아하지 않다 / 춤추다

  (나는 수영은 매우 좋아하지만 춤추는 건 좋아하지 않는다)

▶ 这次暑假我决定去中国。
　　이번 여름 방학 나 결정하다 / 가다 중국

　　(나는 이번 여름 방학에 중국에 가기로 결정했다)

▶ 你们觉得中文难不难?
　　당신 느끼다 / 중국어 어렵다 어렵지 않다

　　(당신들은 중국어가 어렵다고 느낍니까?)

▶ 我们希望你们明年再来。
　　우리 희망하다 / 당신 내년 다시 오다

　　(우리는 당신들이 내년에 다시 오길 희망한다)

▶ 妈妈知道爸爸今天不能回来。
　　엄마 알다 / 아버지 오늘 ~을 수 없다 돌아오다

　　(엄마는 아버지께서 오늘 돌아올 수 없다는 걸 알고 있다)

※ 여러 단어로 조합된 형태가 목적어로 나오는 문장

　　여러 단어가 결합한 다양한 형태의 조합이 목적어 역할을 할 때도 있다. 특히 문장의 마지막에 나오는 명사가 핵심 목적어이지만 앞에서 이것을 수식하는 부분을 잘 파악해야 올바르게 해석할 수 있다. (78쪽 참고)

▶ 我昨天买了你上回推荐的衣服。
　　나 어제 샀다 / 당신 지난번 추천한 옷

　　(나는 어제 당신이 지난번에 추천한 옷을 샀다)

단어

推荐 tuījiàn 추천하다

▶ 你得给我一个拍局长马屁的机会。
  당신 ~해야 한다 주다 나 하나 국장에게 아부 기회

(당신은 나에게 국장님께 아부할 기회를 주어야 한다)

단어

拍马屁 pāi mǎpì 아첨하다, 비위를 맞추다
局长 júzhǎng 국장

▶ 老师想了解学生在学习中存在的比较普遍的问题。
  선생님 ~하고 싶다 이해하다 / 학생 학습 중 존재하는 비교적 보편적인 문제

(선생님은 학생이 학습 중에 존재하는 비교적 보편적인 문제를 이해하려고 한다)

단어

普遍 pǔbiàn 보편적이다, 널리 퍼져 있다

▶ 他们突然听见身后的树林里传出来一阵悉悉索索的声音。
  그들 갑자기 듣다 / 몸 뒤 숲속에서 전해오다 한바탕 바스락거리는 소리

(그들은 갑자기 몸 뒤의 숲속에서 전해오는 바스락거리는 소리를 들었다)

단어

树林 shùlín 숲
一阵 yízhèn (동작이나 상황이 지속되는 시간) 한바탕, 한 번
悉悉索索 xīxī suǒsuǒ 바스락바스락 (종이 따위가 바스락거리는 소리)

2 우리말 어순과 비슷한 문장 읽기

우리말처럼 <주어 + 목적어 + 동사> 순으로 배열되는 중국어 문장으로 직독직해를 연습한다. <把字句>, <의미상의 피동문>을 비롯하여 <일부 목적어가 없는 동사 술어문>, <형용사 술어문>, <명사 술어문>, <주술술어문> 등으로 연습한다. 이런 문장들은 단어(혹은 글자) 뜻만 알면 어순대로 읽으며 의미를 파악하기가 쉬워 직독직해를 연습하는 데 적합하다.

> **연습 포인트**
> - 문법에 상관없이 문장 성분의 배열 순서대로 읽으며 의미를 파악하는 데 초점을 맞춘다.
> - 우리말 해석은 따로 하지 않고, 머릿속으로 중국어 뜻만으로 이해하려 노력한다.

예문

▶ 哥哥 + 比我 + 大两岁。
　　형　　나보다　많다 2살

(형은 나보다 두 살이 많다)

▶ 我们 + 明天 + 再 + 说吧。
　　우리　 내일　 다시 얘기하자

(우리 내일 다시 논의하자)

▶ 她 + 在外边 + 等了很长时间。
　　그녀　　밖에서　　기다렸다 오랫동안

(그녀는 밖에서 오랫동안 기다렸다)

▶ 老款手机 + 耗电 + 非常快。
　　오래된 휴대폰 배터리 소모　매우 빠르다

(오래된 휴대폰은 배터리 소모가 매우 빠르다)

단어

老款 lǎokuǎn　오래된, 구형
耗电 hàodiàn　전기를 소비하다

▶ 妈妈 + 对中国历史 + 很感兴趣。
　　엄마　　중국 역사에 대해　매우 느끼다 관심

(엄마는 중국 역사에 관심이 매우 많다)

단어

对 ~ 感兴趣 : ~에 대해 흥미(관심)를 느끼다

▶ 他们 + 每天 + 都紧张而愉快地 + 工作。
　　그들은　　매일　　긴장하다 즐겁게　　일하다

(그들은 매일 바쁘면서도 즐겁게 일한다)

단어

紧张 jǐnzhāng　긴장하다, 바쁘다
而 : ~(하)고 (명사를 제외한 동사, 형용사 및 단문 등을 연결하며 순접을 나타냄)
愉快 yúkuài　기분이 좋다, 유쾌하다

▶ 最近 + 我的体重 + 又 + 增加了两公斤。
　　최근　　나의 체중　　또　　늘었다 2Kg

(최근 나의 체중이 또 2kg 늘었다)

단어

体重 tǐzhòng　체중
增加 zēngjiā　증가하다

▶ 那些东西 + 一共 + 加起来 + 才 + 三百块钱。
　　저 물건들　　모두　　합하다　　겨우　　삼백 원이다

(저 물건들은 모두 합쳐서 겨우 300원입니다)

단어

一共 yígòng　전부, 합계

▶ 现在 + 我们的生活水平 + 比九十年代 + 提高了。
　　현재　　우리의 생활 수준　　90년대보다　　높아졌다

(현재 우리의 생활 수준은 90년대보다 나아졌다)

단어

提高 tígāo　향상시키다, 끌어올리다

▶ 这样的东西 + 现在 + 有钱也 + 买不到。
　　이런 물건　　지금　돈이 있어도　살 수 없다

(이런 물건은 요즘 돈이 있어도 살 수가 없다)

단어

买不到 mǎibudào 살 수 없다

▶ **前天 + 我 + 从超市 + 买来的水果 + 还没熟呢。**
　　그저께　나　슈퍼마켓에서　사온 과일　아직 익지 않다

(그저께 내가 슈퍼마켓에서 사온 과일은 아직 익지 않았다)

단어

超市 chāoshì 슈퍼마켓
熟 shú (과일, 곡식, 음식 등) 익다, 여물다

▶ **现在 + 很多父母 + 对孩子教育的投资 + 毫不吝啬。**
　　요즘　많은 부모　자녀 교육에 대한 투자　조금도 ~않다 인색하다

(요즘 많은 부모들은 자녀 교육에 대한 투자가 조금도 인색하지 않다)

단어

投资 tóuzī 투자
毫不 háobù 조금도 ~ 않다
吝啬 lìnsè 인색하다, 짜다

▶ **这十来天下来 + 妈妈的身体也 + 好得差不多了。**
　　10여 일이 지나다　엄마의 건강도　좋다 큰 차이가 없다

(10여 일이 지나고 엄마의 건강도 많이 회복되었다)

단어

来 : ~가량, 쯤 (十, 百, 千 등의 수사 뒤에 쓰여 대략적인 어림수를 나타냄)

▶ 给妈妈的信 + 还 + 没寄出去。
　엄마에게 보낼 편지　아직　~하지 않다 부치다

(엄마에게 보낼 편지는 아직 부치지 않았다)

▶ 晚秋了, 树叶 + 渐渐地 + 变红了。
　늦가을되다 나뭇잎　　점점　　변하다 붉다

(늦가을이 되니 나뭇잎이 점점 붉게 물들었다)

단어

晚秋 + 了 : <了>는 명사 뒤에 놓여 명사가 의미하는 상태로의 변화를 나타낸다
树叶 shùyè 나뭇잎
渐渐 jiànjiàn 점점, 점차

▶ 开往北京的火车票 + 已经 + 卖完了。
　~로 향하다 북경 기차표　　이미　　다 팔렸다

(북경으로 출발하는 열차표는 이미 다 팔렸다)

단어

开往 kāiwǎng (차, 배 등) ~로 향해 출발하다

▶ 今年的考试日程 + 下周 + 就 + 发表。
　올해 시험 일정　　다음 주　곧　발표하다

(올해 시험 일정은 다음 주에 곧 발표한다)

단어

日程 rìchéng 일정

▶ 老师 + 从教室里 + 把桌子 + 搬出去了。
　　선생님　　교실에서　　　책상을　　　옮겨내다

(선생님은 교실에서 책상을 내다놓았다)

▶ 父母 + 还是 + 把成年的儿女 + 当成小孩子。
　　부모님　여전히　　성년의 자녀를　　여기다 어린 아이

(부모님은 성년의 자녀를 여전히 어린 아이로 여긴다)

단어

成年 chéngnián　성년, 성인
当成 dàngchéng　~로 여기다, 간주하다

▶ 李老师 + 曾经 + 把这本书 + 翻译成英文。
　　이 선생님　전에　　이 책을　　번역하다 영어로

(이 선생님은 전에 이 책을 영어로 번역한 적이 있다)

단어

曾经 céngjīng　일찍이, 이전에

▶ 她 + 总是 + 把自己处理不了的问题 + 甩给我们。
　　그녀　항상　　자신이 처리할 수 없는 문제　　내던지다 우리에게

(그녀는 항상 자신이 처리할 수 없는 문제를 우리에게 떠넘긴다)

단어

处理 chǔlǐ　처리하다
甩 shuǎi　흔들다, 내던지다

▶ 妈妈 + 把从市场买来的东西 + 送给我了。
　　　엄마　　　　시장에서 사온 물건　　　보내주다 나에게

(엄마는 시장에서 사온 물건을 나에게 주셨다)

▶ 那本小说 + 已经 + 被人借走了。
　　　그 소설　　이미　누군가에 의해 빌려갔다

(그 소설책은 벌써 누군가 빌려갔다)

▶ 教室 + 都 + 让我们 + 打扫干净了。
　　교실　이미　우리로 하여금　청소하다 깨끗이

(교실을 이미 우리가 깨끗하게 청소했다)

▶ 我 + 打电话 + 让妻子 + 把孩子 + 接回来。
　　나　전화하다　아내로 하여금　아이를　　데려오다

(나는 아내에게 전화해서 아이를 데려오라고 했다)

▶ 失散多年的女儿 + 终于 + 让爸爸 + 给找到了。
　　헤어지다 오랜 세월 딸　마침내　아버지로 하여금　찾아냈다

(오랫동안 헤어졌던 딸을 마침내 아버지께서 찾아냈다)

단어

失散 shīsàn　(전쟁 등 기타 사정으로) 흩어지다, 헤어지다
终于 zhōngyú　마침내
给 : <让>, <被> 등과 어울려 습관적으로 사용하며, 피동의 뜻을 나타낸다

▶ 有些人 + 被眼前的利益 + 蒙蔽住了双眼。
　어떤 사람들　눈앞의 이익에 의해　　가리다 두 눈

(어떤 사람들은 눈앞의 이익에 두 눈이 멀었다)

단어

利益 lìyì　이익
蒙蔽 méngbì　가리다, 감추다, 기만하다

▶ 爸爸 + 让姐姐 + 把她撕掉的海报 + 贴好。
　아버지　누나로 하여금　그녀가 찢은 포스터　　잘 붙이다

(아버지는 누나더러 그녀가 찢은 포스터를 잘 붙이라고 했다)

단어

撕 sī　(천, 종이 등을 손으로) 찢다, 째다
海报 hǎibào　포스터
贴 tiē　붙이다

⚠️ **주의**

<被>, <让> 등을 이용한 피동문과 사역문은 문법 구조가 복잡하여 직독직해가 쉽지 않다. 대상과 동작을 이미지로 바꿔 하나의 장면으로 연상하는 게 내용 파악에 도움이 된다.

3 우리말 뜻으로 문장 읽기

중국어 문장을 중국어 발음이 아닌 우리말 뜻으로 바꿔 읽어보자. 예를 들어 <这本小说我已经看了两遍>라는 문장을 <Zhè běn xiǎoshuō wǒ yǐjing kàn le liǎng biàn>으로 읽는 게 아니라, 먼저 단어의 뜻을 우리말로 바꿔 <이 소설 나는 이미 보았다 두 번>이라고 읽는 것이다.

> **연습 포인트**
> - 우리말 뜻으로 읽을 때 가능하면 우리말 조사는 붙이지 않고 중심 단어로만 읽는다.
> - <각 수식 관계>, <개사 구조>, <동사 + 목적어>로 구성된 단어 조합, 각종 보어구 등은 하나로 묶어 우리말 뜻으로 바꿔 읽는다.

예문.

▶ 今天 + 天气 + 好极了。
    오늘   날씨   매우 좋다

(오늘 날씨가 매우 좋다)

▶ 公司 + 离这儿 + 不太远。
    회사   이곳에서   그리 ~않다 멀다

(회사는 여기서 그리 멀지 않다)

▶ 他们 + 去咖啡厅 + 喝咖啡。
　　그들　　가다 카페　　마시다 커피

(그들은 카페에 가서 커피를 마신다)

▶ 我想 + 打电话 + 订机票。
　나 ~하려 한다 전화 걸다 예매하다 항공권

(나는 전화를 걸어 항공권을 예매하려 한다)

단어

订 dìng　예약하다
机票 jīpiào　항공권, 비행기 표

▶ 张老师 + 教我们 + 中国文学。
　　장 선생님　가르치다 우리에게 중국 문학

(장 선생님은 우리에게 중국 문학을 가르친다)

▶ 他们 + 都 + 站着 + 看足球比赛。
　　그들　　모두　　서서　　보다 축구 경기

(그들은 모두 선 채로 축구 경기를 본다)

단어

足球 zúqiú　축구
比赛 bǐsài　시합, 경기

▶ 前几天 + 我们 + 商量过这些问题。
　　며칠 전　　우리　 논의한 적 있다 이 문제들

(며칠 전 우리는 이 문제들을 논의한 적 있다)

단어

商量 shāngliáng 의논하다, 논의하다

▶他们学校 + 学习环境 + 优美。
　　그들 학교　　학습 환경　　우수하다

(그들 학교는 학습 환경이 우수하다)

단어

环境 huánjìng 환경
优美 yōuměi 뛰어나게 아름답다, 매우 좋다

▶姐姐 + 突然 + 握住了我的手。
　　언니　　갑자기　　움켜쥐다 나의 손

(언니는 갑자기 나의 손을 꼭 잡았다)

단어

握住 wòzhù (손으로) 움켜쥐다, 꼭 잡다

▶你 + 带来 + 上次 + 借走的词典。
　　당신 가져오다　지난번　빌려간 사전

(당신은 지난번에 빌려 간 사전을 가져와라)

▶我 + 把所有的行李 + 都 + 收拾好了。
　　나　　모든 짐을　　모두　잘 정리했다

(나는 모든 짐들을 모두 정리했다)

단어

所有 suǒyǒu　모든, 일체
收拾 shōushí　정리하다

▶ 这里的物价 + 比我们 + 贵两倍。
　　이곳의 물가　　우리보다　비싸다 두 배

(이곳의 물가는 우리보다 두 배나 비싸다)

단어

物价 wùjià　물가

▶ 这张纸 + 是 + 从本子上 + 撕下来的。
　　이 종이　이다　　노트에서　　뜯어내다

(이 종이는 노트에서 뜯어낸 것이다)

단어

撕 sī　(종이, 천 등) 손으로 찢다, 뜯다

▶ 陈老师 + 还 + 听得懂 + 他们的方言。
　진 선생님 게다가　알아듣다　　그들 사투리

(진 선생님은 게다가 그들의 사투리도 알아듣는다)

단어

方言 fāngyán　방언, 사투리
还 : 게다가, 또 (수량, 범위 등이 증가하거나 확대됨을 나타낸다)

▶ 我们两个人 + 完全 + 吃不下 + 这么多菜。
　　우리 두 사람　　완전　　먹을 수 없다　이렇게 많은 음식

(우리 두 사람은 이렇게 많은 음식을 먹을 수 없다)

단어

吃不下 : (배가 불러서 더 이상) 먹을 수 없다

▶ 张主任 + 说英语 + 说得非常流利。
　　장 주임　　영어 말하다　말하다 매우 유창하다

(장 주임은 영어를 매우 유창하게 말한다)

▶ 李老师 + 慢慢地 + 走进教室来了。
　　이 선생님　　천천히　　걸어 교실 들어오다

(이 선생님이 천천히 교실로 걸어 들어오다)

단어

走进教室来了 : 목적어가 장소인 경우, 목적어는 来 혹은 去 앞에 온다

▶ 你 + 快 + 把那个凳子 + 拿过来吧。
　당신　빨리　　저 의자를　　　가져와라

(당신은 빨리 저 의자를 가져와라)

단어

凳子 dèngzi　(대개 등받이가 없는) 의자

▶ 我 + 已经 + 在门口 + 等了她一个小时。
　　나　　이미　　입구에서　　기다렸다 그녀 한 시간

(나는 이미 입구에서 그녀를 한 시간 동안 기다렸다)

단어

等了她一个小时 : 목적어가 인칭 대명사일 경우 목적어는 동사 뒤, 보어 앞에 온다

▶ 他们 + 给去不起医院的人 + 开了诊所。
　　그들　병원에 갈 수 없는 사람에게　 열다 진료소

(그들은 돈이 없어 병원에 갈 수 없는 사람을 위해 진료소를 열었다)

단어

去不起 : (돈이 없어) 갈 수 없음을 나타낸다
诊所 zhěnsuǒ　진료소(규모가 조금 작은 의료 시설)

▶ 今天 + 我 + 忙得 + 连饭都 + 顾不上吃。
　　오늘　나　바빠서　밥조차 먹는 것에 신경 쓸 틈이 없다

(오늘 나는 너무 바빠서 밥조차 먹을 새가 없다)

단어

连 ~ 都 : ~조차도 (강조하거나 과장의 어감을 표현)
顾不上 gùbushàng　돌볼 겨를이 없다, 신경 쓸 수 없다

▶ 当时 + 我们 + 吓得 + 都 + 站起来 + 跑了。
　　당시　우리　놀라서　모두　일어나다　도망갔다

(당시 우리는 놀라서 모두 일어나 도망갔다)

단어

吓 xià 놀라다

▶ 妈妈 + 这件衣服 + 洗得 + 简直 + 没法儿再干净。
　　엄마　　이 옷　　　빨다　정말로　방법 없다 더 깨끗하다

(엄마는 이 옷을 더 이상 깨끗하게 할 수 없을 만큼 깨끗하게 빨았다)

단어

简直 jiǎnzhí 정말로, 그야말로
没法儿 méifǎr 방법이 없다, ~ 할 수 없다

▶ 我 + 累得 + 回家 + 睡觉的速度 + 比谁都 + 快。
　나　피곤하다 집에 가다　잠자는 속도　　누구보다　　빠르다

(나는 피곤해서 집에 돌아가 잠에 드는 속도가 누구보다 빠르다)

단어

速度 sùdù 속도

 주의

위와 같은 방법은 먼저 단어의 뜻을 우리말로 바꿨기 때문에 어순대로 읽으며 문장의 뜻을 이해하는 데 도움이 된다. 우리 말 해석을 줄이는 게 직독직해의 취지지만 처음 직독직해를 접하는 학습자가 한 번쯤 시도해 볼 만하다. 우리말로 읽으며 문장의 뜻을 파악했다면 반드시 중국어 발음으로 다시 읽으며 직독직해를 연습하자.

MEMO

4 계단식으로 나눠 읽기

긴 문장을 어순대로 읽다보면 뒤로 가면서 앞의 내용을 잊어버리기도 한다. 이로 인해 다시 앞으로 이동해 내용을 확인할 때가 있는데, 이렇게 앞뒤로 이동하면 직독직해의 취지대로 읽을 수가 없다. 이럴 때 긴 문장을 몇 개의 부분으로 나누어 계단식으로 읽어보자.

예문.
▶ 今年暑假我要带两个孩子回娘家住一个月。

今年暑假　→　문장의 시제를 설명한다
올 여름 방학

　　　　我要带两个孩子　→　주어의 첫 번째 동작
　　　　나는 ~ 하려 하다 데리고 두 아이

　　　　　　　　回娘家　→　주어의 두 번째 동작
　　　　　　　　돌아가다 친정

　　　　　　　　　　住一个月　→　주어의 세 번째 동작
　　　　　　　　　　머무르다 한 달

(올 여름 방학에 나는 두 아이를 데리고 친정으로 가서 한 달 동안 머무를 것이다)

예문처럼 긴 문장을 <동작 혹은 상황을 설명하는 부분>으로 나눠 읽어 보자. 각 부분별로 의미가 명확하게 각인되어 앞뒤로 이동하지 않고 어순대로 읽으며 전체 내용을 이해하는 데 도움이 된다.

연습 포인트

- 문장 속의 주어를 명확히 인식하기 위해 주어 뒤에는 끊어 읽는다.
- 동사 앞의 개사구조를 확인한 후, 동작 혹은 상황을 중심으로 나눠 읽는다.

▶ 他们班比我们班多学了两课。

他们班比我们班
그들 반 우리 반보다

多学了两课
더 배웠다 두 과

(그들은 우리 반보다 두 과를 더 배웠다)

▶ 我们把出差的日程延长了一天。

我们把出差的日程
우리 출장 일정을

延长了一天
연장했다 하루

(우리는 출장 일정을 하루 연장했다)

단어

出差 chūchāi 출장
延长 yáncháng 연장하다

▶ 听说最近很多年轻人都喜欢去咖啡店学习。

听说
~라고 한다

　　最近很多年轻人
　　　최근 많은 젊은이

　　　　　都喜欢去咖啡店学习
　　　　　모두 좋아하다 가다 카페 공부하다

(최근 많은 젊은이들은 카페에 가서 공부하길 좋아한다고 한다)

단어

咖啡店 kāfēidiàn 카페, 커피숍

▶ 运动场上走在老师后面的就是我的儿子。

运动场上
운동장에서

　　走在老师后面的
　　걷다 선생님 뒤에서

　　　　就是我的儿子
　　　　바로 우리 아들이다

(운동장에서 선생님 뒤에 걷는 애가 바로 우리 아들이다)

단어

运动场 yùndòngchǎng 운동장

▶ 你顺着这条路一直往前走就是火车站。

你顺着这条路
당신 따라 이 길

　　　　　一直往前走
　　　　　쭉 앞으로 걸어가다

　　　　　　　　就是火车站
　　　　　　　　바로 기차역이다

(이 길을 따라 계속 앞으로 가면 기차역이다)

단어

顺着 shùnzhe　(길 등) ~를 따라 이동하다

▶ 这次实验的失败或多或少有我们的责任。

这次实验的失败
이번 실험의 실패

　　　　　或多或少
　　　　　많든 적든

　　　　　　　　有我们的责任
　　　　　　　　있다 우리의 책임

(이번 실험의 실패는 많든 적든 우리에게 책임이 있다)

단어

实验 shíyàn　실험
失败 shībài　실패
或多或少 huòduōhuòshǎo　많든 적든
责任 zérèn　책임

▶ 你们一定要养成积极而善于思考的习惯。

　　你们一定要养成
　　당신들 반드시 ~해야 한다 기르다

　　　　　　　积极而善于思考的习惯。
　　　　　　　적극적이고 잘하다 사고 습관

(당신들은 반드시 적극적이고 사고를 잘하는 습관을 길러야 한다)

단어

养成 yǎngchéng　（인재, 습관 등) 키우다, 기르다
善于 shànyú　~를 잘하다, 능숙하다

▶ 赵老师告诉我们明天一定要带着词典来上课。

　　赵老师告诉我们
　　조 선생님 알려주다 우리

　　　　　　明天一定要带着词典
　　　　　　내일 반드시 ~해야 한다 가져오다 사전

　　　　　　　　　　来上课
　　　　　　　　　　와서 수업하다

(조 선생님은 우리에게 내일 꼭 사전을 가지고 수업에 참가하라고 알려주셨다)

단어

词典 cídiǎn　사전

▶ 这几天的天气时冷时热很容易使人感冒。

 这几天的天气
 요즘 날씨
    时冷时热
    추웠다 더웠다
        很容易使人感冒
        매우 쉽다 사람이 감기 들다

(요즘 날씨가 추웠다 더웠다하여 감기 걸리기 매우 쉽다)

단어

时冷时热 shílěngshírè 때로 추웠다 때로 더웠다

▶ 最近有关专家就水资源紧缺问题进行了讨论。

 最近有关专家
 최근 관련 전문가
    就水资源紧缺问题
    ~에 대해 수자원 부족 문제
        进行了讨论
        진행하다 토론

(최근 관련 전문가가 수자원 부족 문제에 대해 토론을 벌였다)

단어

就 : ~에 대해, ~에 관하여
水资源 shuǐzīyuán 수자원, 물
紧缺 jǐnquē 부족하다, 빠듯하다

▶ 他刚才提出来的关于下周展览会的那一套意见我不同意。

他刚才提出来的
그 방금 제시한

关于下周展览会的那一套意见
~ 관한 다음 주 전시회 그 의견들

我不同意
나는 동의하지 않다

(그가 방금 제시한 다음 주 전시회에 관한 그 의견들에 대해 나는 동의하지 않는다)

단어

展览会 zhǎnlǎnhuì   전시회, 전람회
套 tào   세트, 한 벌 등을 세는 양사

▶ 你就把钱送到早上被你抢了摊位的那个老人手里吧。

你就把钱送到
너는 돈을 보내다

早上被你抢了摊位的
아침에 너에게 빼앗기다 노점 자리

那个老人手里吧
그 노인의 손에

(너는 아침에 너에게 노점 자리를 빼앗긴 그 노인장에게 돈을 보내라)

단어

抢 qiǎng   빼앗다
摊位 tānwèi   상품 진열대, (여기서는 시장의 노점 자리를 가리킴)

> ⚠️ **주의**
>
> 위의 나눠 읽기는 "停顿(문장을 끊어서 읽기)"과는 다르기 때문에 혼돈하지 않도록 주의한다. 나눠 읽기는 문법 관계를 고려하지 않고, 내용 파악을 쉽게 하기 위해 문장 속의 주어, 동작 혹은 상황을 위주로 나눠 놓은 것이다. 나눠 읽기를 통해 문장의 뜻을 파악했다면 처음부터 다시 읽어보자. 복습할 때는 전체 문장을 한눈에 담아내도록 노력한다. 문장의 전체 구조를 한눈에 파악하는 능력은 직독직해에서 매우 중요하다.

서술어는 문장 전체 내용을 좌우하는 중요한 부분이며, 독해에서 가장 눈여겨봐야 할 문장 성분이다. 이 때 주의할 점은 서술어 앞에 위치하여 내용에 영향을 미치는 부정사와 조동사의 역할이다. 특히 어순대로 읽을 때 서술어(주로 동사)보다 앞에 출현하여 직독직해를 까다롭게 만드는 부정사와 조동사는 주의 깊게 살펴야 한다.

제 2장

직독직해 기초 연습 2

1 부정사 읽기

부정사는 문장의 전체 내용에 영향을 미치는 중요 성분이다. 하지만 서술어 앞에 위치하다보니 뒤로 읽어가면서 앞의 부정사를 놓쳐 뒤의 동사와 연결시키지 못하고 다시 앞으로 이동하여 확인할 때가 있다. 또한 두 개 이상의 부정 상황이 나오는 문장과 부정사를 이용한 반문 형식의 문장은 읽기가 의외로 까다롭다. 여러 번 읽으며 서술 패턴과 해석 요령을 익히자.

> **연습포인트**
> - <부정사 + 조동사> 조합이 동사 앞에 오거나, 부정사와 동사가 떨어져 나오는 문장을 읽을 때 잘 연결하여 의미를 파악하자.
> - 두 개의 부정 상황으로 강조를 나타내거나, 부정사를 이용한 반문 형태도 명확히 이해하자.

01 단순 부정을 표현

▶ 姐姐**不**去图书馆学习。
　　언니 가지 않다 도서관 공부하다
　(언니는 도서관에 가서 공부하지 않는다)

▶ 你可**别**错过最佳的治疗时间。
  당신 절대로 놓치지 마라 가장 좋은 치료 시간

  (당신은 절대로 최적의 치료시기를 놓치지 마라)

단어

可 : 강조를 나타냄
错过 cuòguò (기회, 시간 등) 놓치다
最佳 zuìjiā 최적, 가장 좋은
治疗 zhìliáo 치료

▶ 我们**不**在办公室里工作。
  우리 아니다 사무실에서 일하다

  (우리는 사무실에서 일하지 않는다)

▶ 他们**不是**跟周老师一起去的。
  그들 아니다 주 선생님과 함께 가다

  (그들은 주 선생님과 함께 간 것이 아니다)

▶ 我每天**不**比他们来得早。
  나 매일 아니다 그들보다 오다 일찍

  (나는 매일 그들보다 일찍 오지 않는다)

▶ 我还**没**把简历寄给他们。
  나 아직 아니다 이력서를 보내다 그들

  (나는 이력서를 아직 그들에게 보내지 않았다)

단어

简历 jiǎnlì 이력서

▶ 妈妈没让姐姐学太极拳。
　엄마 아니다 언니로 하여금 배우다 태극권

(엄마는 언니가 태극권을 배우지 못하게 했다)

단어

太极拳 tàijíquán　태극권

▶ 她从来没有被妈妈打过。
　그녀 지금까지 없다 엄마한테 맞다

(그녀는 지금까지 엄마한테 매를 맞은 적이 없다)

▶ 这几个问题不是可以马上解决的。
　이 몇 문제 아니다 ~할 수 있다 당장 해결하다

(이 몇몇 문제들은 지금 당장 해결할 수 없다)

단어

解决 jiějué　해결하다

▶ 我认识的所有女同事没几个说他好的。
　나 알다 모든 여자 동료 없다 몇몇 말하다 그 좋다

(내가 아는 여자 동료 중 그 사람이 좋다고 말하는 사람은 몇 안 된다)

단어

同事 tóngshì　동료

02 두 개의 부정 상황을 표현

두 개의 부정 상황으로 서술된 문장은 대개 의미를 강조하는 경우가 많은데, 직독직해할 때 단번에 의미를 파악하기가 쉽지 않다. 이런 부정 패턴에 익숙해지도록 반복해서 읽어보자.

▶ 他**不是没**看见过这个东西。
　　그 아니다 없다 본 적 있다 이 물건
　(그가 이 물건을 못 본 것이 아니다)

▶ 老板又**没**说**不**答应你。
　　사장 또한 없다 말하다 아니다 허락하다 당신
　(사장님은 당신에게 허락하지 않는다고 말하지도 않았다)

단어
又 : 또한 (동시적인 상황을 나타내며, 강조의 뜻도 일부 가지고 있다)
答应 dāyīng　허락하다, 동의하다

▶ 我想他们**不能不**考虑这些问题。
　　나 생각하다 그들 ~하지 않을 수 없다 고려하다 이 문제들
　(나는 그들이 이 문제들을 고려하지 않을 수 없다고 생각한다)

단어
考虑 kǎolǜ　고려하다, 주의 깊게 생각하다

▶ 这老爷子的本事**没有**人**不**服气的。
　　이 노인장　실력　없다 사람 인정하지 않다
　(이 노인장의 실력을 인정하지 않는 사람은 없다)

단어

老爷子 lǎoyézi 어르신, 노인장
不服气 bùfúqì 인정하지 않다, 승복하지 않다

▶ 你学好这个技术，将来一定不愁找不到工作。
　당신 잘 배우다 이 기술,　　장래 반드시 걱정하지 않다 찾지 못하다 일

(당신이 이 기술을 잘 익혀두면 앞으로 취업 못 할 걱정은 없다)

단어

技术 jìshù 기술
不愁 bùchóu 걱정하지 않다

▶ 妈妈要是来看我的话，不可能不联系我,
　엄마 만약 오다 만나다 나 ~면,　~할 리 없다 아니다 연락하다 나

她没有我家的钥匙。
그녀 없다 우리 집 열쇠

(엄마가 나를 찾아오신다면 엄마는 우리 집 열쇠가 없기 때문에 나한테 연락을 안 할 리 없다)

단어

联系 liánxì 연락하다
钥匙 yàoshi 열쇠

▶ 世上没有下不停的雨，也没有过不去的坎儿。
　세상 없다 그치지 않다 비　　　또 없다 지나갈 수 없다 고비

(세상에 그치지 않는 비는 없고, 넘지 못할 고비도 없다)

단어

下不停 xiàbutíng　（비, 눈 등) 그치지 않다
过不去 guòbuqù　지나갈 수 없다, 극복하지 못하다
坎儿 kǎnr　고비, 어려운 시기

▶ 以后**不**让你们吃的东西就**别**吃。
　　이후 아니다 당신들에게 먹다 음식 ~하지 마라 먹다

　　(다음부터 너희들은 먹지 말라고 한 음식은 먹지 마라)

▶ 老板想得周全，还真**没有**他算计**不到**的。
　　사장 생각하다 빈틈없다, 확실히 없다　그 예상하지 못하다

　　(사장님은 생각이 주도면밀하여 정말로 예상하지 못하는 게 없다)

단어

周全 zhōuquán　주도면밀하다, 빈틈이 없다
还真 háizhēn　확실히, 정말로
算计 suànjì　계산하다, 예상하다

▶ 小王这个人，可以说公司**没有**人**不**讨厌他。
　　샤오왕 이사람,　　말할 수 있다 회사 없다 사람 아니다 싫어하다 그

　　(샤오왕 이 사람은 회사에서 그를 싫어하지 않은 사람이 없다고 한다)

단어

可以说 kěyǐ shuō : ~라고 할 수 있다
讨厌 tǎoyàn　싫어하다, 미워하다

▶ 现在医疗条件好，你的病也不是完全治不好。
현재 의료 조건 좋다, 당신 병도 아니다 완전히 치료할 수 없다
(요즘은 의료 수준이 높아 당신의 병도 완전히 고칠 수 없는 게 아니다)

단어

医疗条件 yīliáo tiáojiàn   의료 환경(설비, 의료 수준 등)

▶ 他们就算找到药草，也不知道对你的病起不起作用。
그들 설령 ~라도 찾다 약초, 또 모르다 당신의 병에 대해 작용할지 안할지
(설령 그들이 약초를 찾았다고 해도 당신의 병에 대해 효과가 있을지는 모른다)

단어

就算 jiùsuàn   설령 ~~하더라도
药草 yàocǎo   약초
起作用 qǐ zuòyòng : 작용을 하다, 효과가 나타나다

▶ 村里人看到这场景，没有不骂王家母子俩不是人的。
마을 사람 보다 이 광경, 없다 아니다 욕하다 왕씨 모자 두 사람 아니다 사람
(마을 사람들이 이 광경을 보고, 왕 씨네 모자는 사람도 아니라고 욕하지 않은 사람이 없다)

단어

场景 chǎngjǐng   장면, 광경
俩 jiǎ   두 사람, 두 개

▶ 你只不过是个自私鬼，为了自己的利益，
  너 ~에 불과하다 이기적인 놈,　　위하다 자신의 이익,

  没有什么事是做不出的。
  없다 아무 일　할 수 없다

  (너는 단지 이기적인 놈일 뿐이다, 자신의 이익을 위해서라면 못할 일은 아무 것도 없다)

단어

只不过 : 단지 ~~에 지나지 않다, ~~에 불과하다
自私鬼 zìsīguǐ　이기적인 놈
利益 lìyì　이익, 이득

▶ 海关没有他的入境记录，
  세관 없다　그의 입국 기록,

  虽然不能证明他一定就没有入境，
  비록 ~할 수 없다 증명 그가 반드시 아니다 입국,

  但至少说明他在境内的可能性较低。
  하지만 최소한 설명하다 그가 국내에 있을 가능성 비교적 낮다

  (세관에는 그의 입국 기록이 없는데, 비록 그가 입국하지 않았음을 명확히 증명할 순 없지만, 적어도 그가 국내에 있을 가능성은 비교적 낮다)

단어

海关 hǎiguān　세관
入境 rùjìng　입국
记录 jìlù　기록
至少 zhìshǎo　최소한, 적어도
可能性 kěnéngxìng　가능성
较 jiào　비교적

03 부정사를 이용한 반문 표현

<부정사 ~~ 吗?> 형식은 반드시 상대에게 대답을 듣고자 하는 게 아니라, 대부분 말하는 사람의 의미를 강조하는 어기가 내포되어 있다.

▶ 难道你**不**认识我**吗**？
　　설마 당신 아니다 알다 나

　(설마 당신은 나를 모르시나요?)

▶ 你**不是**说我就是你喜欢的类型**吗**？
　　당신 아니다 말하다 나 바로 당신 좋아하는 타입

　(당신은 내가 바로 당신이 좋아하는 타입이라고 말하지 않았나요?)

단어

类型 lèixíng　타입, 유형

▶ 警察**不是**说监控拍不到人下楼**吗**？
　　경찰 아니다 말하다 CCTV 찍지 못하다 사람 내려가다

　(경찰은 CCTV에 사람이 아래층으로 내려가는 게 찍혀 있지 않다고 말하지 않았나요?)

단어

监控 jiānkòng　감시 카메라, CCTV
拍不到 (카메라 등) : 찍지 못하다

▶ 你**不是**要在老家住几天**吗**？　怎么突然回来了呢?
　　당신 아니다 ~려고 하다 고향에서 묵다 며칠,　왜　갑자기 돌아오다

　(당신은 고향에서 며칠 묵는다고 하지 않았나요? 왜 갑자기 돌아왔습니까?)

단어

老家 lǎojiā　고향
突然 tūrán　갑자기

▶ **你这个臭小子，爸爸不是不让你乱跑吗？**

　　너 이 녀석,　　아버지 아니다 너로 하여금 ~하지 마라 함부로 돌아다니다

(이 녀석아, 아버지가 함부로 돌아다니지 말라고 하지 않았느냐?)

단어

臭小子 chòuxiǎozi　이 녀석 (남자 아이를 지칭하는 말)

▶ **你难道还不知道现在是什么时候？**

　　당신 설마 아직 모르다　지금 ~이다 언제

(당신은 설마 지금이 어떤 때인지 아직 모릅니까?)

단어

什么时候 : 구체적인 시간보다 어떤 시대인지를 포괄적으로 나타내다

▶ **今年夏天感觉天气没有往年热吧？**

　　올해 어름　느끼다　날씨　없다 예년　덥다

(올 여름은 예년만큼 날씨가 덥지 않은 것 같죠?)

단어

往年 wǎngnián　예년, 왕년

⚠️ **주의**

위에서 예문으로 제시된 두 개의 부정 상황 및 부정사를 이용한 반문 문장들은 회화에서도 많이 볼 수 있다. 그만큼 활용 빈도가 높은 서술 방식으로 반드시 잘 이해해야 한다.

2 조동사 읽기

조동사는 동사 앞에 놓여 희망, 능력, 추측, 허가 등을 나타내며 서술어의 의미를 확장시킨다. 특히 부정사를 동반한 조동사가 개사구조 앞에 나올 때 문장이 길어져 까다롭다.

> **연습 포인트**
>
> - 조동사와 서술어가 떨어져 있는 문장도 많으니 어순대로 읽을 때 주의한다.
> - <부정사 + 조동사> 조합이 동사 앞에 오는 문장을 특히 주의해서 읽는다.

▶ 我妈妈很**会**说英语。
나 엄마 매우 할 수 있다 말하다 영어
(우리 엄마는 영어를 매우 유창하게 합니다)

▶ **想**取得好成绩，你就**要**努力学习。
~려고 하다 얻다 좋은 성적, 당신 ~해야 한다 노력 공부하다
(좋은 성적을 거두고 싶다면 당신은 열심히 공부해야 한다)

단어

取得 qǔdé 얻다, 취득하다
成绩 chéngjì 성적

▶ 发展经济，**得**依靠科学技术。
　　발전하다 경제, ~해야 한다 의존 과학 기술

(경제가 발전하려면 과학 기술에 의존해야 한다)

단어

得 děi　~해야 한다
依靠 yīkào　의존하다, 기대다

▶ 姐姐**要**买一件比这件颜色再深一点儿的衣服。
　　언니 ~려고 하다 사다 한 벌 이 옷 색깔보다 더 진한 옷

(언니는 이 옷보다 색깔이 좀 더 진한 옷을 사려고 한다)

단어

再 : 더, 한층 (주로 형용사 앞에 쓰여 정도가 심함을 나타낸다)
颜色 yánsè 색깔

▶ 无论如何你**不应该**做这些伤天害理的事。
　　어쨌든　　　당신 ~하지 말아야 하다 이러한 몹쓸 짓

(어쨌든 당신은 이러한 몹쓸 짓들을 해서는 안 된다)

단어

无论如何 wúlùnrúhé　어찌 되었던 관계없이, 어쨌든
伤天害理 shāngtiānhàilǐ　사람으로서 못할 짓을 하다, 몹쓸 짓

▶ 我**不愿意**把这个玩具借给朋友。
　　나는 ~하고 싶지 않다 이 완구를 빌려주다 친구

(나는 이 완구를 친구에게 빌려주고 싶지 않다)

단어

玩具 wánjù 완구

▶ 聪明的人，不会轻易做这样的决定。
똑똑한 사람, ~하지 않을 것이다 함부로 하다 이런 결정

(똑똑한 사람이라면 함부로 그런 결정을 하지 않을 것이다)

단어

聪明 cōngmíng 똑똑하다, 영리하다
轻易 qīngyì 쉽게, 함부로

▶ 你能不能陪我去一下商场？
당신 ~할 수 있다 없다 나를 동반하다 가다 상점

(당신은 저와 함께 상점에 가주실 수 있습니까?)

단어

陪 péi 동반하다, 모시다

▶ 你现在可以给公司打电话核实一下。
당신 지금 ~할 수 있다 회사에 전화하다 확인하다

(당신은 지금 회사에 전화해서 확인해도 됩니다)

단어

核实 héshí (사실 관계 등) 확인하다

▶ 你一定要把这封信寄给张老师。
　　당신 반드시 ~해야 한다 이 편지를 부치다 장 선생님께

(당신은 반드시 이 편지를 장 선생님께 보내야 한다)

▶ 因为法律不能制裁那些人,　他们才会这么嚣张。
　　왜냐하면 법률 할 수 없다 제재 그 사람들,　그들 ~할 수 있다 이렇게 날뛰다

(법이 저 사람들을 제재할 수 없기 때문에 그들이 저렇게 오만하게 날뛰는 겁니다)

단어

制裁 zhìcái　제재하다
嚣张 xiāozhāng　오만하게 굴다, 날뛰다

▶ 你们可以看着词典回答这些问题。
　　당신들 ~해도 되다 보면서 사전 대답하다 이 문제들

(당신들은 사전을 보면서 이 문제들에 대해 대답해도 됩니다)

▶ 请不要在深夜里大声唱歌, 以免影响邻居的休息。
　　~하지 마라 심야에 큰 소리 노래하다, ~하지 않도록 영향 이웃의 휴식

(이웃 사람들의 휴식에 방해가 되지 않도록 늦은 밤에는 큰 소리로 노래하지 마세요)

단어

深夜 shēnyè　깊은 밤, 심야
以免 yǐmiǎn　~하지 않도록
邻居 línjū　이웃, 이웃 사람

▶ 明天晚上公司要为大家举办庆功会。
내일 저녁 회사 ~하려고 하다 여러분을 위하여 개최하다 축하연

(내일 오후에 회사에서 여러분을 위해 공로 축하연을 열 것입니다)

단어

举办 jǔbàn （행사, 파티 등) 열다, 개최하다
庆功会 qìnggōnghuì （공로, 승리 등) 축하하는 행사, 파티

⚠️ **주의**

개사구조를 동반한 문장에서 조동사는 동사가 아닌 개사구조 앞에 온다. 이는 동사가 조동사의 수식을 받는 게 아니고 개사구조의 수식을 받기 때문이다.

MEMO

3 동작, 상황을 연결하여 읽기

두 개 이상의 동작이 발생하거나 혹은 여러 상황을 설명하는 문장은 문법 관계가 복잡한 편이다. 주로 연동문, 겸어문 등에서 볼 수 있는 데, 이런 문형들은 동작 혹은 상황이 발생하는 순서대로 나열되는 특징이 있어 어순대로 읽으며 내용을 파악하기 용이하다.

연습 포인트

- 앞쪽과 뒤쪽의 동작 혹은 상황을 잘 연관 지어 내용을 파악한다.
- 개별적인 문법에 초점을 맞추지 말고, 문장 속 동사를 중심으로 상황을 이해하도록 연습한다.

▶ **手机浸了水失灵了。**
　휴대폰 물에 빠지다 고장이 나다

(휴대폰이 물에 빠져 고장이 났다)

단어

浸 jìn　(물, 액체 등에) 빠지다, 잠기다
失灵 shīlíng　고장이 나다, 기능을 상실하여 작동하지 않다

▶ 不用手电都看不清路了。
~사용하지 않다 손전등 잘 안 보이다 길

(손전등을 켜지 않으면 길이 잘 안 보인다)

단어

手电 shǒudiàn 손전등

▶ 她喝了一杯咖啡就洗衣服了。
그녀 마시다 한 잔 커피 곧 빨래하다

(그녀는 커피 한 잔을 마시자마자 빨래를 했다)

단어

就 : ~하자마자 (두 개의 동작이 빠르게 이어짐을 나타낸다)

▶ 有什么事还不能电话里说？
있다 무슨 일 의외로 ~할 수 없다 전화 말하다

(무슨 일인데 전화상으로 말할 수 없다는 거야?)

단어

还 : 의외로 (뜻밖에, 예상하지 못함을 나타낸다)

▶ 哥哥看完电影去图书馆写作业。
형 보다 끝내다 영화 가다 도서관 쓰다 숙제

(형은 영화를 다 보고 도서관에 가서 숙제를 한다)

▶ 妈妈**打**电话让我快点儿**回**家。
　　엄마 전화하다 나로 하여금 빨리 집에 가다

　　(엄마는 나에게 전화를 해서 빨리 집으로 오라고 한다)

▶ 老师让我们**复习**完再**做**作业。
　　선생님 우리로 하여금 복습 끝나고 나서 숙제하다

　　(선생님은 우리에게 복습이 끝나면 숙제를 하라고 했다)

단어

再 : ~하고나서 (한 동작이 끝난 후 다음 동작으로 이어짐을 나타낸다)

▶ 她**去**洗手间**清理掉**被溅到衬衫上的斑点。
　　그녀 가다 화장실 깨끗이 지우다 튀다 셔츠에 얼룩

　　(그녀는 화장실에 가서 셔츠에 묻은 얼룩을 깨끗이 지웠다)

단어

清理 qīnglǐ　깨끗이 정리하다
溅 jiàn　(물, 액체 등) 튀다
衬衫 chènshān　셔츠, 와이셔츠
斑点 bāndiǎn　얼룩, 반점

▶ 她一时还**不习惯**有人**管**她**叫**妈。
　　그녀 한동안 여전히 익숙하지 않다 누군가 그녀를 부르다 엄마

　　(그녀는 한동안 누군가 자신을 엄마라고 부르는 것에 익숙하지 않았다)

단어

还 : 여전히
管A ~ 叫B : A를(을) B로 부르다

▶ 李主任有事不能参加明天的聚会。
　　이 주임 일이 생기다 ~할 수 없다 참가 내일 모임

(이 주임은 일이 생겨 내일 모임에 참석할 수 없다)

단어

聚会 jùhuì　모임

▶ 当时他家很穷，没有钱供孩子上学。
　　당시 그의 집은 매우 가난하다, 돈이 없다 아이에게 제공하다 학교가다

(당시 그의 집은 매우 가난하여 아이를 학교에 보낼 돈이 없었다)

단어

穷 qióng　가난하다
供 gōng　(조건, 환경 등)제공하다, 공급하다

▶ 我们要选择当代著名作品做教材。
　　우리 ~해야 한다 선택 당대 유명 작품 삼다 교재

(우리는 유명한 당대 작품을 선정해 교재로 삼아야 한다)

단어

选择 xuǎnzé　선택하다

▶ 桌子上有一个东西是谁买来的？
　　탁자 위 있다 한 개 물건 누가 사온 것인가

(테이블 위에 있는 물건은 누가 사온 겁니까?)

▶ 去随便买一个都比这个东西强。
　　가다 마음대로 사다 한 개 모두 이 물건보다 좋다

(가서 아무거나 하나 사도 이 물건보다 낫다)

단어

强 qiáng　좋다, 우수하다

▶ 我一看到价格就打消了购买的念头。
　 나　　보다　가격　곧 단념하다　구매할 생각

(나는 가격을 보자마자 구매할 생각을 접었다)

단어

一 ~ 就 ~ : ~하자마자 ~ 하다
打消 dǎxiāo　(생각 등을) 포기하다, 단념하다
念头 niàntóu　생각, 의사, 마음

▶ 老师劝我们多出去活动活动。
　 선생님 권하다 우리 많이 나가다 움직이다

(선생님은 우리에게 밖에 나가서 많이 움직이라고 권했다)

단어

劝 quàn　권하다

▶ 哥哥很好奇她怎么知道我们家的电话号码呢？
　 오빠 매우 궁금하다 그녀 어떻게 알다 우리 집　전화번호

(오빠는 그녀가 우리 집 전화번호를 어떻게 알았는지 매우 궁금하다)

단어

好奇 hàoqí 궁금하다

▶ 公司经常派我去中国做市场研究。
회사 자주 파견하다 나 가다 중국 하다 시장 조사

(회사는 자주 나를 중국으로 보내 시장 조사를 시켰다)

단어

派 pài 파견하다
市场研究 shìchǎng yánjiū 시장 연구, 시장 조사

▶ 公司的同事都嫌她说话啰嗦。
회사 동료 모두 싫어하다 그녀 말하다 수다스럽다

(회사의 동료들은 모두 그녀가 수다스럽다고 싫어한다)

단어

嫌 xián 싫어하다, 미워하다
啰嗦 luōsuo 말이 많다, 수다스럽다

▶ 这家公司却声称已经掌握了这种新技术。
이 회사   오히려 공언하다 이미 보유하다 이런 신기술

(이 회사는 오히려 이런 신기술을 이미 보유하고 있다고 큰소리친다)

단어

声称 shēngchēng (소리 높여) 주장하다, 공언하다
掌握 zhǎngwò 장악하다, 보유하다

▶ 很多游客都称赞这家酒店的服务周到。
매우 많은 여행객 모두 칭찬하다 이 호텔 서비스 세심하다

(많은 여행객들은 이 호텔의 서비스가 훌륭하다고 칭찬한다)

단어

称赞 chēngzàn 칭찬하다
周到 zhōudào 꼼꼼하다, 세심하다

▶ 我们选小张为代表参加明天的会议。
우리 선발하다 샤오장 대표가 되다 참가하다 내일 회의

(우리는 샤오장을 대표로 뽑아 내일 회의에 참석시킨다)

단어

选 xuǎn 뽑다, 선출하다

▶ 海关通知我们公司产品的包装不符合国际标准。
세관 알리다 우리 회사 상품의 포장 맞지 않다 국제 표준

(세관은 우리 회사 제품의 포장이 국제 표준에 맞지 않는다고 알려왔다)

단어

海关 hǎiguān 세관
包装 bāozhuāng 포장
符合 fúhé 부합하다, 일치하다
标准 biāozhǔn 표준

▶ 不少网友都 留言抨击 了那些对老人见死不救的路人。

많은 네티즌 모두 댓글 비난하다 그 노인의 위급함을 보고도 도와주지 않은 행인들

(많은 네티즌이 노인의 위급함을 보고도 도와주지 않은 그 행인들을 댓글로 비난하였다)

단어

留言 liúyán 말을 남기다, 인터넷 댓글
抨击 pēngjī 규탄하다, 비난하다
见死不救 jiànsǐbújiù 죽는(위급한 상황) 것을 보고도 도움을 주지 않다

참고

직독직해는 듣기 능력 향상에도 적잖은 영향을 미친다. 읽기와 듣기는 글자냐 소리냐의 차이일 뿐 머릿속에서 이해하는 방식은 비슷하다고 한다. 다만 듣기는 발음의 변화가 동반되고, 들리는 속도를 자신이 제어할 수 없어 읽기보다 좀 더 어렵다. 하지만 어순 그대로 읽어내는 직독직해가 익숙해지면 들리는 순서대로 의미를 파악하는 듣기에도 도움이 된다.

4 목적어 부분이 긴 문장 읽기

목적어를 수식하는 부분이 길거나, 주요 동사와 관련된 내용이 긴 문장은 구조가 복잡한 편이다. 게다가 문장 끝에 가서야 목적어가 구체적으로 드러나는 경우가 많아 단번에 내용을 이해하기도 어렵다. 그래서 문장 전체의 구조를 한눈에 파악하는 능력이 요구되며, 특히 문장 속의 주요 동사를 목적어와 잘 연결하여 읽어야 한다.

> **연습 포인트**
> - 주요 동사를 파악한 후 목적어를 설명하는 부분과 잘 연결하여 읽는 데 초점을 맞춘다.
> - 개별적인 문법 내용보다 문장 전체 구조를 한눈에 파악할 수 있도록 연습한다.

▶ 妹妹有在床上躺着玩手机的习惯。
　여동생 있다 침대에서 누워 휴대폰을 보는 습관
　(여동생은 침대에 누워 휴대폰을 보는 습관이 있다)

단어
玩手机 : 휴대폰으로 게임을 하거나 기사를 검색을 하는 등의 행위를 통칭

▶ 爸爸还不知道今天是妈妈的生日。
　　아빠 아직 모르다 오늘 ~이다 엄마의 생일
　(아버지는 오늘이 엄마 생일인 걸 아직도 모른다)

▶ 我觉得下次考试不会这么简单。
　　나는 느끼다 다음 번 시험 ~하지 않을 것이다 이렇게 간단하다
　(나는 다음 번 시험은 이렇게 쉽지 않을 거라고 생각한다)

▶ 天气预报说今天下雨的概率是70%。
　　일기 예보 말하다 오늘 비 오다 확률 ~이다 70%
　(일기 예보에서 오늘 비가 올 확률은 70%라고 한다)

단어

预报 yùbào　예보
概率 gàilǜ　확률

▶ 他以为是自己太过紧张看错了。
　　그 ~여기다 자신 너무 긴장하다 잘못 보다
　(그는 자신이 너무 긴장해서 잘못 본 줄 알았다)

단어

太过 tàiguò　너무 지나치게

▶ 弟弟还不肯承认自己的错误呢。
　　동생 아직 ~하려 하지 않다 인정 자신의 잘못
　(동생은 여전히 자신의 잘못을 인정하려 하지 않는다)

단어

不肯 bùkěn : (기꺼이) ~~ 하려 하지 않다
承认 chéngrèn   인정하다
错误 cuòwù   잘못

▶ 她是我们学校一位教英语的老教师。
그녀 ~이다 우리 학교 한 명 가르치다 영어 노련한 선생님

(그녀는 우리 학교에서 영어를 가르치는 베테랑 선생님이다)

단어

老 : 경험이 풍부하다, 노련하다

▶ 很抱歉这么晚了打电话打扰您。
매우 미안하다 이렇게 늦다 전화하다 방해하다 당신

(이렇게 늦은 시간에 전화를 걸어 당신을 방해해서 정말 죄송합니다)

단어

抱歉 bàoqiàn   미안하다, 죄송하다
打扰 dǎrǎo   방해하다, 폐를 끼치다

▶ 携老出游已成为现代中国人一种新的尽孝方式。
부모님을 모시고 여행하다 이미 ~되다 현대 중국인 일종 새로운 효도 방식

(부모님을 모시고 여행하는 것은 요즘 중국인의 새로운 효도 방식이 되었다)

단어

携老出游 xiélǎo chūyóu   부모님을 모시고 여행하다
尽孝 jìnxiào   효도하다

▶ 张老师买了一套时新的深灰色的毛料西服。
　　장 선생님 사다　한 벌　유행하다　짙은 회색　모직 양복

　(장 선생님은 새로 유행하는 짙은 회색의 모직 양복을 한 벌 샀다)

단어

时新 shíxīn　(주로 복장 스타일) 새로 유행하다
深灰色 shēnhuīsè　짙은 회색
毛料 máoliào　모직

▶ 我希望你们明天早点儿来做一些准备。
　나 희망하다 당신들 내일　일찍　오다　하다　　준비

　(나는 내일 당신들이 일찍 와서 준비해 주길 바란다)

▶ 她竟然放弃了渴望已久去英国留学的梦想。
　그녀 결국 포기하다　갈망하다 오래되다 가다 영국 유학의 꿈

　(그녀는 오랫동안 갈망하던 영국 유학의 꿈을 끝내 포기하였다)

단어

竟然 jìngrán　뜻밖에, 마침내, 결국
放弃 fàngqì　포기하다
渴望 kěwàng　갈망하다

▶ 刚才传来了在老家的母亲去世的噩耗。
　방금　전해오다 고향에서　어머니가　돌아가셨다 비보

　(방금 고향의 어머님이 돌아가셨다는 비보가 전해졌다)

단어

去世 qùshì　사망하다, 세상을 떠나다
噩耗 èhào　(가까운 사람이) 죽었다는 소식, 비보

▶ 我爸爸很喜欢具有中国传统风格的艺术品。
나 아버지 매우 좋아하다 갖추다 중국 전통 양식　예술품

(우리 아버지는 중국 전통 스타일을 지닌 예술품을 매우 좋아합니다)

단어

具有 jùyǒu　갖추다, 구비하다
风格 fēnggé　풍격, 스타일, 양식
艺术品 yìshùpǐn　예술품

▶ 老板很讨厌职员聚在一起说这些没营养的话。
사장 매우 싫어하다 직원 모이다 함께 말하다 이런 영양가 없는 말

(사장님은 직원들이 모여 쓸데없이 잡담을 하는 걸 싫어한다)

단어

讨厌 tǎoyàn　싫다, 혐오하다
营养 yíngyǎng　영양

▶ 我懂理财后才知道上班是真的耽误赚钱。
나 이해하다 재태크 후에야 알다 출근하다 정말 늦추다 돈 벌다

(나는 재테크를 알고 난 후에야 직장 생활은 정말 돈 버는 걸 늦출 뿐이라는 걸 깨달았다)

단어

理财 lǐcái　재테크
耽误 dānwu　시간을 허비하다, 지체하다
赚钱 zhuànqián　돈을 벌다

▶ 我要看看他这祖传的秘方里到底有些什么。
나는 ~ 싶다 보다 그 조상 대대로 전해오는 비법 속 도대체 있다 무엇들

(나는 그의 조상 대대로 내려오는 비법 속에 도대체 무엇들이 들어있는지 알고 싶다)

단어

祖传 zǔchuán 조상 대대로 전해지다
秘方 mìfāng 비방, 비법

▶ 家长都期待自己的孩子能做他们很难做到的事情。
학부모 모두 기대하다 자신의 아이 할 수 있다 그들 매우 하기 어려운 일

(학부모들은 모두 자신의 아이들이 매우 하기 어려운 일을 해낼 수 있으리라 기대한다)

단어

期待 qīdài 기대하다

▶ 我看到王叔叔的车上有一个脸上长了
나 보았다 왕 아저씨의 차에 있다 얼굴에 자라다
一个大瘤子的老头。
　　　한　　큰 혹 할아버지

(나는 왕 아저씨의 차 안에서 얼굴에 큰 혹이 달린 할아버지를 보았다)

단어

叔叔 shūshu 아저씨 (아버지와 비슷한 연배의 남성, 아이들이 일반적으로 어른을 지칭)
长 zhǎng 자라다, 생기다
瘤子 liúzi 혹, 종기
老头 lǎotou 할아버지, 영감님

▶ 我是个徒步爱好者，不过没有经验，
　　나 ~이다 걷기 애호가　　　　하지만 없다 경험

常常陷入走到晚上才发现找不到住处的情况。
자주 빠지다 저녁까지 걷고서야 발견하다 찾지 못하다 머무를 곳 상황

(나는 걷기 마니아지만 경험이 없어서 자주 저녁까지 걷고서도 머무를 곳을 찾지 못하는 상황에 빠진다)

단어

徒步 túbù　걷기, 도보
爱好者 àihàozhě　애호가, 마니아
陷入 xiànrù　(불리한, 좋지 않은 상황에) 빠지다
住处 zhùchù　거처, 머무는 곳

▶ 他看警察所拍的视频，
　　그 보다 경찰이 찍은 영상

发现这世上真的有太多让人无法解释的事了。
발견하다 이 세상 정말 있다 매우 많은 사람이 할 수 없다 이해하다 일

(그는 경찰이 촬영한 동영상을 보고, 이 세상에는 사람이 이해할 수 없는 일이 매우 많다는 걸 깨달았다)

단어

所 ：<所 + 동사 + 的> 형태로 주로 사용되며, 주어와의 관계 혹은 동작 등을 강조
拍 pāi　(영화, 동영상 등) 촬영하다
视频 shìpín　동영상
无法 wúfǎ　방법이 없다, ~ 할 수 없다
解释 jiěshì　해명하다, 설명하다

▶ 一听小明还没回家，
듣다 샤오밍 아직 ~않다 귀가하다,

爸爸就找了几个平时跟小明关系不错的朋友，
아버지 찾다 몇몇 평소 샤오밍과 관계가 좋은 친구

到处去寻找小明了。
여기저기 찾다 샤오밍

(샤오밍이 아직 집에 돌아오지 않았다고 하자, 아버지는 평소에 샤오밍과 친했던 몇몇 친구들을 불러 여기저기 샤오밍을 찾아 다녔다)

단어
到处 dàochù 도처, 여기저기
寻找 xúnzhǎo 찾다

> **참고**
>
> 위의 예문들처럼 목적어를 수식하는 부분이 길거나, 주요 동사와 관련된 내용이 긴 문장은 앞에서 설명한 <계단식으로 나눠 읽기>로 연습해도 효과적이다.

제 3장
직독직해 기초 연습 3

복문은 두 개 이상의 단문으로 구성되어 하나의 완전한 의미를 가진 문장 형식이다. 단문과 단문 사이에는 접속사 혹은 부사를 사용하여 병렬, 선택, 가정, 인과 및 조건 등의 관계를 나타낸다. 복문의 직독직해는 먼저 각 단문에 포함된 접속사와 부사를 파악한 후 의미를 잘 연결해서 읽는 게 중요하다.

1 접속사와 부사에 집중하자

복문 속의 접속사 및 부사는 각 단문의 관계 및 내용 전개를 유추할 수 있는 길잡이 역할을 한다. 접속사 혹은 부사는 대개 단문의 앞쪽에 나올 때가 많아 어순대로 읽을 때 뒤에 이어지는 내용을 유추할 수 있어 내용을 이해하는 데 도움을 준다.

> **연습 포인트**
> - 앞 문장의 접속사 혹은 부사를 보고 반드시 뒤 문장의 내용 전개를 예상하며 읽는다.
> - 앞 문장과 뒤 문장을 나누지 말고, 전체적으로 하나의 문장인 것처럼 인식하고 읽는다.

01 병렬 관계

- 각 단문의 동작 혹은 상황이 순서와 상관 없이 동등하게 발생하는 걸 설명한다.
- 주로 又~ 又, 既~ 又(也), (一)边~ (一)边~, 一面~ 一面, 不是~ 而是~ 등으로 표현한다.

▶ 周老师**又**会说英语，**又**会说日语。
　　주 선생님 할 줄 알다 영어,　　또 할 줄 알다 일본어

(주 선생님은 영어를 할 수 있고 일본어도 할 줄 안다)

단어

又~ 又 : ~ 하고 ~ 하다

▶ 做任何事情**既**要有干劲，**又**必须实事求是。
　　하다 어떤 일 뿐만 아니라 있다 의욕, 또한 ~해야 한다 사실에 근거하여 진리를 탐구하다

(무슨 일을 하던 열정이 있어야 하며, 또한 반드시 사실에 근거하여 진리를 탐구해야 한다)

단어

既 jì~ 又(也) : ~ 할 뿐만 아니라 ~ 또한 ~
干劲 gànjìn　(일을 하려는) 열정, 의욕
实事求是 shíshìqiúshì　실사구시, 사실에 근거하여 진리를 탐구하다

▶ 赵老师**一面**倾听着别人意见，**一面**整理着自己的想法。
　　조 선생님 ~면서 경청하다 타인의 의견,　　~면서 정리하다 자신의 생각

(조 선생님은 다른 사람의 의견을 경청하면서 자신의 생각을 정리한다)

단어

一面~ 一面~ : ~ 하면서 ~ 하다
倾听 qīngtīng　경청, 주의 깊게 듣다

▶ 你别误会，　　**不是**我不想去，　　**而是**有事不能去。
　　당신 ~하지 마라 오해 , 아니다 나 ~싶지 않다 가다, ~이다 일이 있어 갈 수 없다

(오해하지 마세요, 내가 가고 싶지 않은 것이 아니라 일이 생겨 갈 수가 없습니다)

단어

不是~ 而是~ : ~이 아니라 ~이다
误会 wùhuì 오해

02 연속 관계

- 각 단문의 동작 혹은 상황 등이 일정한 순서에 의해 발생함을 표현한다.
- 先~ 然后~, 接着~ 就, 便, 于是 등으로 표현한다.

▶ 我们先讨论一下，然后再做决定。
　　우리 먼저 토론하다,　　나중에 다시 결정하다

(우리는 먼저 토론을 한 후에 결정합시다)

단어

先~ 然后~ : 먼저 ~ 나중에 ~ 하다

▶ 欢迎仪式上，先是主人致词，接着是客人讲话。
　환영식장에서　먼저 주인이 인사말을 하다 이어서 손님이 연설하다

(환영식장에서 먼저 주인이 인사말을 하고 이어서 손님이 연설한다)

단어

仪式 yíshì　행사, 의식
先~, 接着~ : 먼저 ~ 하고 이어서 ~ 하다
致词 zhìcí　인사말하다

▶ 他刚说完， 就站起身走了。
그 방금 말을 끝내다, 곧 일어서서 가다

(그가 말을 다 끝내자마자 바로 일어나서 가버렸다)

단어

刚~ 就~ : ~하자마자 ~ 하다

▶ 老师这么一鼓励，我们于是恢复了信心。
선생님 이렇게 격려하다, 우리 그리하여 회복하다 자신감

(선생님이 이렇게 격려해주시자 우리는 자신감을 회복했다)

단어

一~ 于是~ : ~하자마자, 그리하여 ~ 하다
鼓励 gǔlì 격려하다
恢复 huīfù 회복하다

03 점층 관계

- 뒤 문장의 내용이 앞 문장의 내용보다 한층 발전된 의미를 표현한다.
- 앞 문장은 주로 不但 / 不仅 ~을 사용하고, 뒤 문장은 而且, 也, 还, 更 등이 쓰인다.

▶ 她不但会说英语， 而且说得非常流利。
그녀 뿐 아니라 할 줄 알다 영어, 게다가 말하다 매우 유창하게

(그녀는 영어를 할 수 있을 뿐만 아니라 매우 유창하게 한다)

단어

不但~ 而且~ : ~ 뿐만 아니라 ~ 하다

▶ 北京**不仅**是中国的首都,
　　북경 뿐 아니라 이다 중국의 수도,

　而且是中国政治和文化的中心。
　게다가 ~이다 중국 정치와 문화의 중심

　(북경은 중국의 수도일 뿐만 아니라 중국의 문화 중심이다)

단어

不仅~ 而且~ : ~ 뿐만 아니라 게다가 ~ 하다
首都 shǒudū　수도
政治 zhèngzhì　정치

▶ 这孩子非常调皮,**甚至**老师对他也无可奈何。
　이 아이 대단히 장난치다, 심지어 선생님 그에 대해 어찌 할 도리가 없다

　(이 아이는 장난이 너무 심해서 선생님조차 이 아이를 어찌 할 도리가 없다)

단어

调皮 tiáopí　장난치다, 말썽을 부리며 말을 잘 듣지 않는다
甚至　심지어, 더욱이, ~~조차도
无可奈何 wúkěnàihé　어찌 할 도리가 없다, 방법이 없다

▶ 路不算太远, **况且**还是快车, 准能按时赶到。
　길 할 수 없다 너무 멀다, 게다가 역시 특급 열차, 분명히 ~할 수 있다 제시간에 도착

　(길이 그리 멀지도 않고, 게다가 특급 열차라서 분명히 제시간에 도착할 수 있다)

단어

况且 kuàngqiě　더구나, 게다가
准 zhǔn　분명
按时 ànshí　제때, 제시간에

04 선택 관계

- 두 개의 상황 중에서 하나를 선택하는 내용을 서술한다.
- 或者~ 或者~, 是~ 还是~, 与其~ 不如~, 宁可~ 也~ 등이 주로 쓰인다.

▶ 教你们英语的是王老师，还是张老师？
  가르치다 당신 영어 이다 왕 선생님, 아니면 ~이다 장 선생님?

(당신들에게 영어를 가르치는 분이 왕 선생님입니까? 아니면 장 선생님입니까?)

단어

是~ 还是~ : ~입니까 아니면 ~ 입니까

▶ 周末的时候，我们或者打羽毛球，或者打网球。
  주말 때   우리 또는 배드민턴을 하다   또는 테니스를 하다

(주말이면 우리는 배드민턴을 하거나 테니스를 합니다)

단어

或者~ 或者~ : ~(이)거나, 혹은(또는) ~이 아니면 등등 선택 상황을 설명한다
羽毛球 yǔmáoqiú   배드민턴
网球 wǎngqiú   테니스

▶ 不是我说错了，   就是你听错了。
  아니다 내가 잘못 말하다, 바로 네가 잘못 듣다

(내가 잘못 말한 게 아니라 네가 잘못 들은 거야)

단어

不是~ 就是~ : ~ 이 아니고 ~ 이다

093

▶ **与其**这样等着，　　**不如**找点事情做。
~하기 보다 이렇게 기다리다, 차라리 찾다 일 하다

(이렇게 기다리기보다 차라리 할 일을 찾아보는 게 낫겠다)

단어

与其 yǔqí ~ 不如~ : ~ 하기 보다는 ~ 차라리 하는 게 낫다

▶ 你**宁可**自己吃亏，　　**也**要帮助别人。
당신 ~할지언정 자신 손해 보다, ~해야 한다 돕다 다른 사람

(너는 자신이 손해를 볼지라도 남을 도와야 한다)

단어

宁可 nìngkě ~ 也~ : ~~ 할지라도, ~~할지언정
吃亏 chīkuī 손해를 보다

05 인과 관계

- 앞 문장은 원인을, 뒤 문장은 결과를 나타낸다.
- 주로 因为~ 所以~, 因此~, 由于~ 등이 사용된다.

▶ **因为**他平时太自傲，**所以**朋友们都不喜欢他。
왜냐하면 그 평소 너무 오만하다, 그래서 친구들 모두 싫어하다 그

(그는 평소 너무 오만하여 친구들은 모두 그를 좋아하지 않는다)

단어

因为~ 所以 : 왜냐하면 ~ 그래서~
自傲 zì'ào 오만하다, 불손하다

▶ 事先做好了充分准备，**因此**会议开得圆满成功。
  미리 잘하다 충분한 준비,   이로 인해 회의 진행하다 원만하고 성공적

(사전에 철저히 준비를 했기 때문에 회의가 원만하게 진행되었다)

단어

因此 yīncǐ : 이로 인해, 그래서
事先 shìxiān   사전에, 미리
圆满 yuánmǎn   원만하게, 훌륭하게

▶ **由于**老师教导有方，**所以**学生们的成绩提高得相当快。
  때문에 선생님 지도 적절하다,   그래서 학생들 성적 향상되다 매우 빠르게

(선생님의 가르침이 적절했기 때문에 학생들의 성적이 매우 빠르게 향상되었다)

단어

由于~ 所以~ : ~ 때문에 ~ 그래서
教导 jiàodǎo   지도하다, 가르치다
有方 yǒufāng   방법에 맞다, 적절하다, 능숙하다
成绩 chéngjì   성적

▶ 爸爸最近常常发病，**可见**他的身体不如以前了。
  아버지 최근 자주 병이 나다, ~알 수 있다 그의 건강이 예전만 못하다

(아버지께서 요즘 자주 병이 나시는 걸 보니 아버지의 건강이 예전만 못하다는 걸 알 수 있다)

단어

可见 kějiàn ~ 임을 알 수 있다
不如 bùrú   ~만 못하다

▶ **由于**临时有事，我在上海逗留了两天。
    때문에 잠시 일이 생기다, 나 상해에 머무르다 며칠

(잠시 일이 생겨서 나는 상해에서 며칠간 머물렀다)

단어

由于~ : ~ 때문에, ~로 인해
临时 línshí   임시, 잠시
逗留 dòuliú   머물다, 체류하다

06 역접 관계

- 앞 문장과 뒤 문장의 내용이 대립되거나 상반되는 내용을 서술한다.
- 虽然~ 但是(可是 / 不过)~, 尽管~ 但是 등이 주로 쓰인다.

▶ **虽然**这次实验失败了，**但是**我们并不灰心。
    비록 이번 실험 실패하다,   그러나 우리는 결코 ~않다 실망

(비록 이번 실험은 실패했지만 우리는 결코 실망하지 않는다)

단어

虽然~ 但是~ 비록 ~~ 지만
实验 shíyàn   실험
失败 shībài   실패
灰心 huīxīn   실망하다

▶ 这篇文章**虽然**不长，**不过**生词不少。
    이 문장 비록 길지 않다,   하지만 새 단어 적지 않다

(이 문장은 비록 길지 않지만 새 단어가 많다)

단어

生词 shēngcí 새 단어

▶ 路上很辛苦，可是他们觉得很高兴。
　 길(여정) 매우 힘들다, 그러나 그들 느끼다 매우 즐겁다

(여정이 매우 고생스러웠지만, 그들은 매우 즐거워한다)

단어

辛苦 xīnkǔ 고생스럽다, 수고하다

▶ 他们尽管身体不好，可是仍然坚持工作。
　 그들 비록 건강 안 좋다　그러나 여전히 계속하다 일

(그들은 비록 건강이 좋지 않았지만 여전히 일을 계속한다)

단어

尽管 jǐnguǎn ~ 可是~ 비록 ~ 그러나 ~
仍然 réngrán 여전히, 변함없이
坚持 jiānchí 고수하다, 지속하다

▶ 听口音很像中国人，其实她是个韩国人。
　 듣다 말씨 매우 닮다 중국인,　사실은 그녀 ~이다 한국인

(말씨를 들으면 진짜 중국사람 같은데, 사실 그녀는 한국 사람이다)

단어

像 xiàng 닮다, 비슷하다
其实 : (그러나) 실제는
口音 kǒuyīn 말씨, 말투

07 가정 관계

- 가정을 표시하고 그에 따른 결과를 나타낸다.
- 주로 **如果, 要是, 假如** 등이 사용된다.

▶ **如果**你不努力学习，　**就**一定考不上名牌大学。
만약 당신 열심히 공부하지 않다, 분명 합격할 수 없다 명문 대학

(당신이 만약 열심히 공부하지 않으면 분명 명문 대학에 합격할 수 없다)

단어

考不上 kǎobushàng　합격하지 못하다
名牌大学 míngpái dàxué　명문 대학

▶ 你**要是**明天有空，**就**到我家来吃饭吧。
당신 만약 내일 있다 시간, 오다 우리 집 와서 식사하다

(당신 만일 내일 시간이 있으면 우리 집에 와서 식사하세요)

단어

要是~ 就~ : 만약 ~하면 ~ 하다

▶ 幸亏你叫醒我，**不然**我就会迟到的。
다행히 당신 깨우다 나, 그렇지 않으면 나 ~을 것이다 늦다

(당신이 나를 깨워서 다행입니다, 그렇지 않았다면 나는 늦었을 겁니다)

단어

幸亏 xìngkuī　다행히
不然 : 그렇지 않으면
叫醒 jiàoxǐng　깨우다
迟到 chídào　(정해진 시간에) 늦다, 지각하다

08 조건 관계

- 앞 문장은 조건을 제시하고, 뒤 문장은 해당 조건에 따른 결과를 나타낸다.
- 只要~, 不管, 除非 등이 주로 사용된다.

▶ **只要**你慢点说, 我**就**听得懂。
~만 하면 당신 천천히 말하다, 나는 알아듣을 수 있다
(당신이 천천히 말한다면 나는 알아들을 수 있다)

단어

只要~ 就~ : ~하기만 하면 ~ 하다

▶ **无论**忙还是不忙，她每天学习两个小时的汉语。
~에 관계없이 바쁘다 안 바쁘다, 그녀 매일 공부하다 두 시간 중국어
(일이 바쁘든 안 바쁘든 그녀는 매일 두 시간씩 중국어를 공부한다)

단어

无论 wúlùn 관계없이, ~에도 불구하고

▶ 你**既然**不想参加，那么就别去吧。
당신 기왕 ~싶지 않다 참가, 그럼 가지 마라
(당신이 이미 참가하고 싶지 않은 이상 가지 마라)

단어

既然 jìrán 이미 이렇게 된 바에야, 기왕 그렇게 된 이상

▶ **任**你是谁, 都不应该违反交通规则。
~막론하고 당신이 누구인지, 모두 ~해서 안 된다 위반하다 교통 법규
(당신이 누구든지 간에 교통 법규를 위반해서는 안 된다)

단어

任 rèn　~ 막론하고, ~든지
违反 wéifǎn　위반하다
交通规则 jiāotōng guīzé　교통 법규

▶ **除非**你答应我的条件，　**否则**我不会帮你的忙。
~지 않고서는 당신 승낙하다 나의 조건, 그렇지 않으면 나는 ~하지 않을 것이다 돕다 당신
(당신이 나의 조건을 승낙하지 않으면 나는 당신을 도와주지 않을 것이다)

단어

除非 chúfēi　~ 하지 않고서는
否则 fǒuzé　만약 그렇지 않으면
答应 dāying　승낙하다, 동의하다

▶ 我妈妈就有那个毛病，
우리 엄마 있다 그 단점,

不管有没有用的东西都舍不得扔，
~관계없이 있다없다 쓸모 물건 모두 버리기 아까워하다,

堆在屋里又不值钱，还占地方。
쌓아두다 방안 또 돈도 안 되고 게다가 차지하다 자리

(우리 엄마는 쓸모가 있든 없든 물건을 아까워하며 버리지 못하는 단점이 있다, 방에 쌓아놔야 돈도 안 되고 자리만 차지한다)

단어

毛病 máobing   단점, 나쁜 버릇
不管 bùguǎn   ~에 관계없이, ~을 막론하고
舍不得 shěbudé   ~하기 아쉽다, 섭섭하다
扔 rēng   버리다
堆 duī   쌓다
占 zhàn   차지하다, 점거하다

09 목적 관계

- 앞 문장은 행위를 나타내고, 뒤 문장은 목적을 나타낸다.
- 대개 为了, 省得 등으로 표현한다.

▶ **为了**实现自己的目标， 我们正在努力奋斗。
　　~하기 위해 실현하다 자신의 목표, 우리 ~고 있다 열심히 노력하다

(자신의 목표를 실현하기 위해 우리는 열심히 노력하고 있다)

단어

为了 wèile   ~하기 위해
目标 mùbiāo   목표
奋斗 fèndòu   분투하다

▶ 报纸还是订阅好， **省得**每天上街去买。
　　신문 역시 구독하는 게 좋다, ~하지 않도록 매일 나가다 거리 나가 사다

(신문을 매일 밖에 나가 사지 않기 위해 구독하는 게 좋다)

단어

订阅 dìngyuè   구독하다
省得 shěngde   ~하지 않도록, ~하지 않기 위해

▶ 我决定多做一会儿，免得大家受累。
나 결정하다 많이 하다,　~하지 않도록 모두 고생하다

(다른 사람이 고생하지 않게 내가 일을 더 하려고 결심했다)

단어

免得 miǎnde　~ 하지 않도록
受累 shòulèi　고생하다, 수고하다

⑩ 양보 관계

- 앞 문장은 양보를 이끌어내고, 뒤 문장은 상반된 각도에서 결과를 설명한다.
- 주로 尽管, 即使, 哪怕 등이 사용된다.

▶ 你们有什么意见尽管提出来，不要客气。
당신 있다 어떤 의견 얼마든지 제의하다,　~하지 말라 사양하다

(어떤 의견이 있으시면 사양하지 마시고 얼마든지 말씀하세요)

단어

尽管 jǐnguǎn　얼마든지, 마음 놓고
提 tí　제시하다, 내놓다

▶ 即使他们的条件很好，你也再好好考虑一下。
설령 그들 조건 매우 좋다,　당신도 다시 잘 고려하다

(설령 그들의 조건이 아무리 좋더라도, 당신은 다시 잘 생각해야 한다)

단어

即使 jíshǐ　설령(설사) ~~ 하더라도, ~~할지라도

▶ **哪怕**工作到深夜，你们也要抽出时间来学习。
비록 일하다 늦은 밤까지, 당신들도 ~해야 한다 시간을 내서 공부하다

(늦은 밤까지 일한다 해도 당신은 시간을 내서 공부해야 한다)

단어

哪怕 nǎpà   설령, 가령, 비록 ~~ 하더라도
深夜 shēnyè   심야, 매우 늦은 시간

> **참고**
>
> 단어를 외울 때 단순히 그 뜻만 외우지 말고 단어와 연관 있는 이미지를 함께 외우면 장면을 연상하는데 효과적이다. 우리가 눈으로 보는 것은 상징적인 문자이지만 우리의 뇌에 그려지는 것은 문자가 표현하는 대상의 이미지인 경우가 훨씬 더 많기 때문이다.

2 문장에 없는 부분을 파악하자

앞 문장에는 뒤 문장과의 연관성을 설명하는 접속사 또는 부사 없이 내용만 서술할 때가 있다. 주로 가정, 조건, 원인 및 결과를 표현하는 복문에서 자주 볼 수 있다. 이것은 중국어가 표의 문자라는 특성에서 기인한 것으로 표현의 경제성을 위해 접속사를 생략하는 측면도 있지만, 접속사가 없는 경우가 오히려 더 자연스럽기 때문이다.

하지만 학습자 입장에서는 접속사 없는 앞 문장은 뒤 문장까지 읽은 후에야 전체 내용을 명확히 알 수 있어 직독직해가 까다롭다. 그래서 문장 속에는 없지만 앞뒤 문장의 연관성 혹은 내용 전개를 고려하여 없는 부분까지 잘 파악해야 한다.

> **연습 포인트**
> - 각 단문을 개별적으로 해석하지 말고, 앞뒤 문장을 하나의 문장으로 인식하고 읽어야 내용을 알 수 있다.
> - 접속사 없이 중요 내용만으로 서술하는 패턴을 잘 익혀두자, 작문에도 많은 도움이 된다.

01 가정, 조건을 설명하는 복문

- 앞 문장에는 **如果**, **要是**, **假如** 등의 접속사는 없지만, 가정 및 조건을 설명하는 문장

▶ <u>她去中国</u>， 我也要跟着她去中国。
  그녀가 가다 중국, 나도 ~할 것이다 그녀 따라 가다 중국

  └, 她去中国 : 만약 그녀가 중국에 간다면 (가정)

  (그녀가 중국에 간다면 나도 그녀를 따라 중국에 갈 것이다)

단어

跟着 gēnzhe 따라가다

▶ <u>不把练习做完</u>， 我们不能回家。
  ~하지 않다 연습을 끝내다, 우리는 ~할 수 없다 집에 가다

  └, 不把练习做完 : 만약 연습을 다 끝내지 않으면 (조건)

  (연습을 다 끝내지 않으면 우리는 집에 갈 수 없다)

▶ <u>什么东西看得多了</u>，也就有了点经验。
  어떤 물건 많이 보다,   또한 곧 생기다 경험

  └, 什么东西看得多了 : 어떤 물건이든 많이 보면 (조건)

  (어떤 물건이든 많이 보면 경험이 생긴다)

단어

经验 jīngyàn 경험

▶ 照道理说，这从五楼摔下去，不死也得重伤。
　　도리대로 말하다,　5층에서 떨어지다,　　죽지 않으면 중상이다

　　└. 这从五楼摔下去 : 5층에서 떨어진다면 (가정)

(이치대로 말해서, 5층에서 떨어지면 죽지 않으면 중상을 입게 된다)

단어

照 àn　에 따라
道理 dàolǐ　이치, 근거
摔 shuāi　(높은 곳에서 아래로) 떨어지다, 추락하다

▶ 遇到危险一般人唯一的本能就是反抗，不管生死。
　　만나다 위험 일반 사람 유일한 본능 바로 이다 반항,　막론하고 살든지 죽든지

　　└. 遇到危险~ : 위험이 닥치면 (가정)

(위험에 처한 일반 사람의 유일한 본능은 생사를 막론하고 저항하는 것이다)

단어

危险 wēixiǎn　위험
唯一 wéiyī　유일한, 하나밖에 없는
本能 běnnéng　본능
反抗 fǎnkàng　반항

▶ 可不管怎么样，路都是他们自己选择的。
　　그러나 어쨌든　　　　길 모두 그들 자신 선택하다,
比如有人为了钱死，那能怪钱吗?
　　예를 들어 누가 위하여 돈 죽다,　그럼 ~할 수 있다 탓하다 돈
怪只能怪他们自作孽，不可活。
　　탓하다 단지 탓하다 그들　인과응보

　　└. 怪~ : 탓하려면 (가정)

(그러나 어쨌든 길은 모두 그들 자신이 선택한 것이다, 예를 들어 누가 돈을 위해 죽었다면 돈을 탓할 수 있나? 탓하려면 단지 그들의 자업자득을 탓해야 한다)

단어

选择 xuǎnzé 선택하다
怪 guài 탓하다, 원망하다
自作孽, 不可活 zìzuòniè bùkěhuó 자업자득, 인과응보, 죄짓고 살 수 없다

02 원인을 나타내는 복문

- 앞 문장은 因为, 由于, 就算 등, 뒤 문장은 所以 등이 없지만, 원인과 결과를 나타내는 문장

▶ **现在不景气，你大学毕业了，工作也不好找。**
현재 불경기,　　당신 대학 졸업하다,　직장도 구하기 어렵다

　└ 现在不景气 : 지금 불경기이기 때문에 (원인)

　　你大学毕业了 : 설령 당신이 대학을 졸업한다 해도 (가정)

(요즘은 불경기라서 설령 당신이 대학을 졸업한다 해도 직장을 구하기 쉽지 않다)

단어

不景气 bùjǐngqì 불경기, 경제 상황이 좋지 않다

▶ **天黑，　警察也看不清楚那人长什么样。**
날이 어둡다, 경찰도 자세히 보지 못하다 그 사람이 생기다 어떻게

　└ 天黑 : 해가 져서 어둡기 때문에 (원인)

(날이 어두워서 경찰도 그 사람이 어떻게 생겼는지 자세히 볼 수 없었다)

단어

警察 jǐngchá　경찰

▶ <u>我这两天熬夜玩手机</u>，现在连续好几天眼睛都辣辣的。
　　나 요며칠 밤을 새다 보다 휴대폰,　　지금 연속 며칠 동안　눈 얼얼하다

　　└ 我这两天熬夜玩手机 : 나는 요 며칠 밤새워 휴대폰을 보았더니 (원인)

（나는 요 며칠 밤새워 휴대폰을 보았더니 지금 며칠째 계속 눈이 따갑다）

단어

熬夜 áoyè　밤을 새우다, 철야하다
连续 liánxù　연속적, 계속
辣 là　맵다, 강한 자극을 받아 얼얼하다

▶ <u>这家饭馆生意特别好</u>，开门不到十分钟就坐满了。
　　이 음식점 장사 매우 좋다,　　문 열다 안 되다 10분 곧 가득 차다

　　└ 这家饭馆生意特别好 : 이 음식점은 장사가 너무 잘 돼서 (이유)

（이 음식점은 장사가 너무 잘 돼서 문 열고 10분도 지나지 않아 손님들로 가득 찬다）

단어

生意 shēngyi　장사, 영업

▶ <u>还不了解那里的情况</u>，怎么就让他们去工作呢?
　　아직 모르다 그곳의 상황,　　　어떻게 그들을 보내다 일하다

　　└ 还不了解那里的情况 : 아직 그곳의 상황을 모르는데 (원인)

(아직 그곳의 상황을 모르는데 어떻게 그들을 일하러 보냅니까?)

▶ 明天是周末，去公园的路可能会堵车，
내일 ~이다 주말, 가다 공원 길 아마도 ~할 것이다 차 막히다,
能早点儿出发就早点儿出发吧。
~할 수 있다 일찍 출발 일찍 출발하자

└ 明天是周末 : 내일은 주말이기 때문에 (원인)

　　能早点儿出发 : 일찍 출발할 수 있다면 (가정)

(내일은 주말이라 공원 가는 길이 매우 혼잡할 겁니다, 일찍 출발할 수 있으면 일찍 출발합시다)

단어

堵车 dǔchē　차가 막히다, 교통 체증

▶ 他没在警察局工作过，
그는 ~하지 않다 경찰서에서 일하다,
不了解这些情况也是人之常情。
이해하지 못하다 이런 상황들 또한 인지상정이다

└ 他没在警察局工作过 : 그가 경찰서에서 일한 적이 없기 때문에 (원인)

(그는 경찰서에서 근무한 적이 없기 때문에 이런 상황을 이해하지 못하는 것도 이해할 수 있다)

단어

警察局 jǐngchájú　경찰서
人之常情 rénzhīchángqíng　인지상정, 사람이라면 누구나 다 가지고 있는 감정

03 역접 관계를 나타내는 복문

- 앞 문장에서 **虽然** 등, 역접 관계를 나타내는 접속사가 없는 문장 형태

▶ <u>我们俩在工作上经常闹意见</u>， 但从来不往心里去。
우리 두 사람 업무상 자주 의견이 맞지 않다, 그러나 한 번도 ~두지 않다 마음에

　┕ 我们俩在工作上经常闹意见 : 우리 두 사람은 비록 업무적으로 자주
　　　　　　　　　　　　　　 의견이 맞지 않다 (역접)

(우리 두 사람은 비록 업무적으로 자주 말다툼을 하지만, 한 번도 마음에 둔 적은 없다)

단어
闹意见 nào yìjiàn   의견이 맞지 않다, 말다툼하다

▶ <u>我们已经取得了一定的成绩</u>，
우리 이미 얻다 일정한 성과,

但是我们不能有一点骄傲， 还要虚心向其他人学习。
그러나 우리 ~해서 안 된다 조금 자만,　더욱 ~해야 한다 겸손하게 타인에게 배우다

　┕ 我们已经取得了一定的成绩 : 우리는 비록 이미 어느 정도
　　　　　　　　　　　　　　　성과를 거두었지만 (역접)

(우리는 비록 이미 어느 정도 성과를 거두었지만, 조금도 자만해서는 안 된다, 더욱 겸손하게 다른 사람에게 배워야 한다)

단어
骄傲 jiāo'ào   자랑스럽다, 교만하다, 자만하다
虚心 xūxīn   겸허하다, 겸손하다

▶ 这座桥已经建了一百多年，但是它依然很坚固。
　 이 다리 이미 건설되다 100여년,　　　그러나 다리 여전히 매우 견고하다

　　└▸ 这座桥已经建了一百多年 : 이 다리는 비록 건설된 지 이미
　　　　　　　　　　　　　　　　　백여 년이 되었지만 (역접)

(이 다리는 비록 건설된 지 백여 년이 넘었지만 여전히 튼튼하다)

단어

桥 qiáo　다리, 교량
依然 yīrán　의연하다, 전과 다름이 없다
坚固 jiāngù　튼튼하다, 견고하다

▶ 爸爸平时钓鱼的水平可不是盖的，
　 아버지는 평소 낚시 실력　매우 좋다,

可是今天他钓了很久都没开张。
　 그러나 오늘 그 낚시하다 오랫동안 ~하지 못하다 개시(고기를 잡다)

　　└▸ 爸爸平时钓鱼的水平可不是盖的 : 아버지는 평소 낚시 실력이
　　　　　　　　　　　　　　　　　　매우 좋은데도 불구하고 (역접)

(아버지는 낚시 솜씨가 매우 좋은데도 불구하고, 오늘은 한참동안 낚시를
해도 한 마리도 못 잡았다)

단어

钓鱼 diàoyú　낚시
不是盖的 búshìgàide　매우 뛰어나다, 장난이 아니다
开张 kāizhāng　(어떤 일) 시작하다 (여기서는 "물고기를 잡다"라는 의미로 쓰임)

04 선택 관계를 서술하는 복문

- 与其~~ 등 선택 관계를 표현하는 접속사가 없는 문장 형태

▶ <u>在考试时临时抱佛脚,</u>
시험을 볼 때가 돼서야 급히 서두르다,

还不如平时用功, 打好基础。
오히려 ~게 낫다 평소　열심히 공부하고 기초를 닦다

　└ 在考试时临时抱佛脚 : 시험 때가 돼서야 서두를 바에야~ (가정)

(시험 때가 돼서야 서두를 바에야 오히려 평소에 열심히 공부하고 기초를 닦는 게 낫다)

단어

还不如 : 차라리(오히려) ~~하는 게 낫다
临时抱佛脚 línshí bào fójiǎo　평소에 준비하지 않다가 일이 닥쳐야 급히 하다
用功 yònggōng　힘써 배우다, 열심히 공부하다
基础 jīchǔ　기초

▶ 我的病治不了,　<u>像这样浪费钱躺在医院,</u>
나의 병은 고칠 수 없다, 이렇게 돈 낭비하다 누워있다 병원,

还不如躺在自家屋里。
오히려 ~게 낫다 누워있다 자기 집

　└ 像这样浪费钱躺在医院 : 이렇게 돈을 낭비하며 병원에 누워 있느니
　　　　　　　　　　　　 (가정)

(나의 병은 고칠 수도 없는데 이렇게 돈을 낭비해 가며 병원에 누워 있느니 차라리 집에서 누워있는 게 낫다)

단어

躺 tǎng　드러눕다
浪费 làngfèi　낭비하다

> **참고**
>
> 위에서 열거한 예문보다도 훨씬 많은 문장이 접속사 혹은 부사를 생략한 채 내용만 표현한다. 이런 패턴의 문장들은 앞으로 여러분들이 독해를 하면서 무수히 많이 접할 것이다. 단순히 보이는 부분만 해석하지 말고, 없는 부분까지 잘 유추하여 앞뒤 문장을 연결하여 읽어야 전체 내용의 흐름을 알 수 있다.

3 문장의 내용을 장면으로 연상하자

동작이 연속적으로 출현하거나 복잡한 상황을 묘사하는 문장을 우리말로 해석할 때 말이 장황해지기 쉽고, 또 적절한 단어가 떠오르지 않을 때가 있다. 이럴 때 문장 내용 중 몇몇 핵심 단어를 이미지로 바꿔 하나의 장면으로 떠올려 보자. 굳이 우리말로 해석하지 않아도 문장의 뜻을 충분히 이해할 수 있다. 내용을 장면으로 연상하여 이해하는 방법은 본 교재의 핵심 주제이며, 직독직해를 잘 할 수 있는 방법이기도 하다.

중국어는 본래 뜻글자라는 특징이 있어 정교한 문법적인 구조를 바탕으로 표현하기보다 주요 단어를 중심으로 해당 상황을 함축적으로 서술할 때가 많다. 바로 이런 점 때문에 중요 단어를 하나의 이미지로 연상하거나, 동작 혹은 상황을 장면으로 떠올리는 게 내용 파악에 유리하다.

연습 포인트

- 문장 속에서 핵심적인 단어(주로 주어, 목적어)를 이미지로 바꿔라
- 주어의 동작 혹은 상태를 설명하는 동사를 위주로 하나의 장면으로 연상하자

▶ 爸爸靠在沙发上看着电视里的滚动字幕新闻。
　　아버지 기대다 소파　보다　TV　　　　굴러가다 자막 뉴스

(아버지는 소파에 기대어 TV속의 지나가는 자막 뉴스를 보고 계신다)

단어

沙发 shāfā　소파
滚动 gǔndòng　구르다, 회전하다
字幕 zìmù　자막

▶ 酒后开车非常危险，肇事了可能毁掉别人的一生。
　　음주 운전 매우 위험하다　　사고 나다 아마도 망가뜨리다 다른 사람 일생

(음주운전은 매우 위험하다, 사고가 나면 다른 사람의 일생을 망가뜨릴 수 있다)

단어

危险 wēixiǎn　위험하다
肇事 zhàoshì　사고를 일으키다
毁掉 huǐdiào　부숴 버리다, 못쓰게 만들다

▶ 我偷偷掀开窗户的帘子探出头往外看了一下。
　　나 몰래　젖히다 창문 커튼　　내밀다 머리 밖으로 보다

(나는 몰래 창문의 커튼을 젖히고 고개를 내밀어 밖을 내다보았다)

단어

掀开 xiānkāi   젖히다, 들어 올리다
帘子 liánzi   커튼
探出 tànchū   내밀다

▶ 那天她抱着家里的全家福瑟瑟发抖地蹲在屋角哭了。
　　그날 그녀 안다 집안의 가족사진 벌벌 떨다 웅크리다　방구석 울다

(그날 그녀는 집안의 가족사진을 품에 안고 벌벌 떨며 방구석에 쪼그리고 앉아 울었다)

단어

全家福 quánjiāfú   가족사진
瑟瑟发斗 sèsèfādǒu   (추위, 두려움 등으로) 몸을 벌벌 떨다
蹲 dūn   쪼그리고 앉다, 웅크리다
屋角 wūjiǎo   방구석

▶孩子的身体突然停在了空中,
　아이　　몸 갑자기 멈추다 공중

象是被人拦腰抱住了一样。
마치 누군가에 의해 허리를 끌어안다 껴안다 같다

(아이의 몸이 갑자기 공중에서 멈췄는데, 마치 누군가 허리를 껴안고 있는 듯 했다)

단어

停 tíng　멈추다, 정지하다
拦腰 lányāo　중간에서 가로 끊다, 허리를 끌어안다
抱住 bàozhù　껴안다

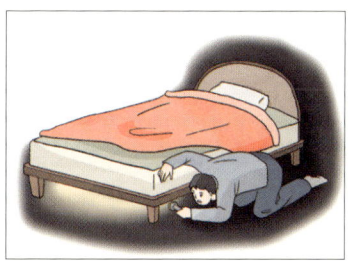

▶低矮的床沿下刚好可以躲下一个人,
낮다 침대 가장자리 밑 꼭 맞다 ~할 수 있다 숨다 한 사람,

我弯下腰用手电照亮了床底。
나 굽히다 허리 손전등으로 비치다 침대 아래

(낮은 침대 가장자리 밑은 한 사람이 숨기에 딱 적당했다, 나는 허리를 굽히고 손전등으로 침대 밑을 비추었다)

단어

低矮 dī'ǎi 낮다
床沿 chuángyán 침대의 가장자리
刚好 gānghǎo 꼭 알맞다
躲 duǒ 숨다, 비하다
弯下 wānxià 굽히다
照亮 zhàoliàng 밝게 비치다

▶小明跟中了毒一样，直接在地上抽搐了起来，
　소명 중독된 것처럼　　　　그대로 땅에서 경련 일으키다

还翻看白眼，口吐白沫。
또 뒤집어 보다 눈 흰자위, 토하다 거품

(소명은 중독된 것처럼 그대로 바닥에서 경련을 일으키고 눈이 뒤집힌 채 거품을 토했다)

단어

中毒 zhòngdú 중독되다
抽搐 chōuchù (근육이) 경련을 일으키다
翻看 fānkàn 뒤집어 보다
白眼 báiyǎn 눈의 흰자위
口吐 kǒutǔ 토하다
白沫 báimò 거품

▶他突然出现在我的身后,
그 갑자기 나타나다 나의 몸 뒤

而那把果刀已经不知道什么时候架到了我的脖子上。
그리고 그 과도를 이미 모르다 언제　　받치다　나의 목

(그가 갑자기 나의 등 뒤에 나타나서는 어느새 과도를 나의 목에 대었다)

단어

架 jià　받치다, 지탱하다
而 : ~~하고, 그리고
脖子 bózi　목

▶我不敢直接出现,而是半蹲着身子,
나 감히 ~ 없다 직접 나타나다, 대신 몸을 반쯤 웅크리다,

然后隐藏在黑暗中慢慢靠近。
그리고 숨다 어둠 속 천천히 다가가다

(나는 직접 나설 엄두가 나질 않아 대신 몸을 반쯤 웅크리고 있다가 어둠 속에 숨어서 천천히 다가갔다)

단어

不敢 bùgǎn 감히 ~~하지 못하다, 엄두가 나질 않다
隐藏 yǐncáng 숨기다, 감추다
黑暗 hēi'àn 어둡다, 깜깜하다
靠近 kàojìn 가까이 다가가다

▶他为了方便走路用事先准备好的绳子，
　그 위하여 편리하다 걷다 ~로 미리 준비한 줄,

　把两件行李紧紧地捆在了自己的后背上。
　두 개의 짐을 　 꽉 　 묶다 　 자신의 등에

(그는 걷기 편하기 위해 미리 준비한 줄로 두 개의 짐을 자신의 등에 꽉 묶었다)

단어

事先 shìxiān 사전에, 미리
绳子 shéngzi 밧줄
紧紧 jǐnjǐn 바짝, 단단히, 꽉
捆 kǔn 묶다, 잡아매다

▶ 更让人吃惊的是,
더욱 사람을 놀라게 한 건,

　一个工友的睡袋上竟出现了几摊血迹,
　한 인부의 침낭 뜻밖에 나타나다 몇 군데 핏자국,

　还有几道被爪子抓开的划迹。
　게다가 여러 군데 발톱에 의해 긁힌 자국

(더 놀라운 건 한 인부의 침낭에 핏자국이 몇 군데 있었고, 게다가 동물의 발톱에 긁힌 자국도 여러 군데 있었다)

단어

吃惊 chījīng (깜짝) 놀라다
工友 gōngyǒu 인부
睡袋 shuìdài 침낭, 슬리핑 백
竟 jìng 뜻밖에
摊 tān (액체가 괴어 있거나 묻어있는 것을 세는) 양사
血迹 xuèjì 핏자국, 혈흔
爪子 zhuǎzi 짐승의 발, 발톱
划迹 huájì 긁힌 자국

▶一只强而有力的手臂就从后缩住我的脖子。
　강하고　힘센　팔뚝이　　　　　뒤에서 죄다 나의 목,

为了自救， 我不停地用手肘撞击对方的肚子。
스스로 살기 위해, 나는 쉬지 않고 팔꿈치로 때리다 상대의 복부

(힘센 팔뚝이 뒤에서 나의 목을 꽉 졸랐다, 나는 살기 위해 계속 팔꿈치로 상대의 배를 가격했다)

단어

强而有力 : 강하고 힘차다, <而>은 ~~하고(도) ~~하다, 순접을 나타낸다
手臂 shǒubì　팔뚝
缩住 suōzhù　꽉 죄다, 바짝 오므리다
脖子 bózi　목
自救 zìjiù　스스로 구제하다
手肘 shǒuzhǒu　팔꿈치
撞击 zhuàngjī　부딪히다, 때리다

MEMO

4 중요 내용에 밑줄을 그어가며 읽어보자

　어떤 학습자는 직독직해를 빨리 읽기, 즉 일종의 속독법으로 오해하기도 한다. 별도의 우리말 해석을 거치지 않기 때문에 읽는 속도가 빨라지긴 하지만, 이런 효과는 직독직해를 하면서 자연스럽게 얻어지는 부수적인 소득일 뿐이다. 다만 직독직해를 하다보면 자신도 모르게 문장을 대충 훑어보듯 읽으며 내용도 제대로 파악하지 못하고 넘어갈 때가 간혹 있다.

　이런 단점을 보완하기 위해 문장 속 핵심 단어 또는 중요 내용에 밑줄을 그어가며 읽어보자. 길고 복잡한 문장도 집중력 있게 읽을 수 있고, 중요 내용을 재빨리 인지하는 능력도 키울 수 있다.

> ▶ 연습 포인트
> - 문장 속의 핵심적인 내용에 밑줄을 그어보자.
> - 핵심 단어를 중심으로 문장 전체의 내용을 머릿속으로 정리하며 읽어보자.

看电影是许多人最喜欢的休闲方式之一。
보다 영화 ~이다 많은 사람들 가장 좋아하는 오락 활동 중 하나,

无论是在电影院享受大屏幕的视觉盛宴,
~할 것 없이 극장에서 즐기다 큰 화면의 시각 잔치

还是在家中舒适的沙发上观赏电视剧，
아니면 집에서 편안한 소파에서 감상하다 드라마,

电影都能带给我们无穷的乐趣的思考。
영화 모두 ~을 수 있다 가져다주다 우리에게 무한한 즐거움의 사고

해석_ 영화 감상은 많은 사람들이 가장 좋아하는 여가활동 중 하나이다. 극장에서 큰 화면으로 시각적인 즐거움을 누리거나 아니면 집 안의 편안한 소파에서 TV 드라마를 감상하든 영화는 항상 우리에게 무한한 즐거움의 사고를 가져다준다.

단어

休闲 xiūxián 　레저 활동, 휴식 오락 활동
享受 xiǎngshòu 　즐기다, 누리다
大屏幕 dàpíngmù 　대형 화면
视觉 shìjué 　시각
盛宴 shèngyàn 　성대한 연회, 성찬
舒适 shūshì 　편하다, 쾌적하다
观赏 guānshǎng 　보면서 즐기다, 감상하다
电视剧 diànshìjù 　TV 드라마
无穷 wúqióng 　무한하다, 끝이 없다
乐趣 lèqù 　재미, 즐거움
思考 sīkǎo 　사고하다, 사색하다

说到此处，他突然眼泪却如洪水般涌出。
말하다 여기,　그 갑자기 눈물 오히려 마치 홍수처럼 쏟아지다.

也许对朋友见死不救的懦弱行为使他深感愧疚，
아마 친구의 죽음을 보고 구하지 않은 나약한 행동 그 깊게 느끼다 부끄럽게

而这种愧疚或许会折磨他一辈子。
그리고 이런 부끄러움 아마도 ~할 것이다 괴롭히다 그 한평생

해석_ 여기까지 이야기하자, 그는 갑자기 눈물을 봇물처럼 쏟아냈다. 아마도 친구의 죽음을 보고도 구하지 않았던 자신의 나약한 행동에 심한 부끄러움을 느낀 것 같다. 그리고 이 부끄러움은 아마도 평생 그를 괴롭힐 것이다.

단어

洪水 hóngshuǐ 홍수, 큰물
涌出 yǒngchū 쏟아지다
如~~般 : 마치 ~~와 같이
见死不救 jiànsǐbújiù 죽음(위급한 상황)을 보고도 도와주지 않다
懦弱 nuòruò 용기 없고 나약하다
愧疚 kuìjiù 양심의 가책을 느껴 부끄러워하다
或许 huòxǔ 어쩌면, 혹시
折磨 zhémó (육체적 정신적으로) 고통스럽게 하다, 괴롭히다

这个世界上, 根本就没有永恒的不劳而获。
이 세상에,   근본적 없다 영원한 불로소득,

有些东西, 你是要加倍还回去的, 而且赌这个东西,
어떤 물건들   당신 ~해야 한다 몇 배 돌려주다   게다가 도박은

没有人可以永远都赢,   你贪,   你就会输。
없다 사람 ~할 수 있다 영원히 항상 이기다, 당신 탐하다, 당신 ~을 것이다 지다

해석_ 이 세상에 영원한 불로소득은 근본적으로 없다, 어떤 물건들은 당신이 몇 배로 돌려줘야 한다, 게다가 도박이라는 놈은 영원히 항상 이기는 사람이 없다, 당신이 욕심을 부릴수록 당신은 잃게 될 것이다.

단어

永恒 yǒnghéng 영원하다, 영원불변
不劳而获 bùláo'érhuò 일하지 않고 소득을 얻다, 불로소득
加倍 jiābèi 배가되다, 갑절
赌 dǔ 도박, 내기를 걸다
赢 yíng 이기다, 이익을 얻다
贪 tān 탐내다, 욕심 부리다
输 shū 지다, 잃다

老舍先生曾说过： "北平之秋便是<u>人间天堂</u>"。
라오셔 선생님 일찍이 말씀하셨다, 북평의 가을 ~이다 인간의 천당

也只有见过了秋天的北京， 您才知道为什么说
단지 본 적 있다 가을의 북경,　　　당신 그제서야 알다 왜 말하다

北京的秋天是人间天堂， <u>不冷不热</u>，
북경의 가을 ~이다 인간의 천당,　춥지도 덥지도 않다,

每一秒钟都是<u>美丽</u>， <u>醉</u>人的。 而这天堂般的美景，
매 1초 모두 아름답다,　　매혹하다,　이 천당 같은 아름다운 경치

又怎叫人不爱呢？！
어떻게 사람이 사랑하지 않을 수 있을까?

※ 老舍 : (1899~1966), 북경 출신, 중국 현대 문학가, 대표작으로 骆驼祥子, 茶馆, 四世同堂 등이 있다.

해석_ 老舍는 일찍이 "북평의 가을은 사람들의 천당이다"라고 말한 적이 있다. 당신이 북경의 가을을 경험했다면 왜 북경의 가을을 사람들의 천당이라고 말하는지 알 수 있다. 춥지도 않고 덥지도 않고 모든 순간이 아름답고 매혹적이다. 이런 천당 같은 아름다운 경치를 어찌 사랑하지 않을 수 있을까?!

단어

北平 běipíng   北京의 옛날 명칭
便是 biànshì   就是 即是, 바로 ~~이다
天堂 tiāntáng   천당, 천국과 같이 아름답고 행복한 생활 환경을 가리킨다
醉人 zuìrén   도취시키다, 매혹적이다

胜者喜欢说的话是"再试一次看看",
승자 좋아하는 말 ~이다 다시 한 번 해보자,

败者喜欢说的话是"就算试了也不会有别的结论"。
패자 좋아하는 말 ~이다   설령 시도해도 ~없을 것이다 다른 결론

世上最大的困难不是要人们接受新点子,
세상 가장 큰 어려움 ~아니라 사람들 받아들이다 새로운 관점,

而是要他们忘记旧观念。
바로 ~이다 그들 잊어버리다 옛 관념

해석_ 성공하는 사람이 "다시 한 번 해보자"라고 즐겨 말한다면, 실패하는 사람은 "해봐야 다른 결과는 없을 것"이라고 말한다. 세상에서 가장 큰 어려움은 사람들이 새로운 생각을 받아들이도록 만드는 게 아니라, 그들이 낡은 관념을 떨쳐 버리게 하는 것이다.

단어

胜者 shèngzhě　성공(승리)하는 사람, 승자
败者 bàizhě　실패하는 사람, 패자
就算 jiùsuàn　설령 ~~ 라도
结论 jiélùn　결론, 결과
困难 kùnnan　곤란, 어려움
接受 jiēshòu　받아들이다, 수락하다
要 : ~하게 하다 (사역의 뜻을 나타낸다)
点子 diǎnzi　생각, 아이디어
旧观念 jiùguānniàn　낡은 관념
不是~, 而是~ : ~이 아니고, ~이다

为什么是上厕所，下厨房呢?
왜 ~이다 올라가다 화장실, 내려가다 주방,

中国自古以来就有五行，五行分别对应五个方位。
중국　예로부터　~있다 오행,　오행 각각 대응하다 다섯 방위

古代厕所建造在北面偏东的位置，厨房要建造在南面偏东。
고대 화장실 짓다　북동쪽 위치,　주방 ~해야 한다 짓다 동남쪽

去南方时，习惯说南下(如皇帝下江南)，
가다 남쪽 ~할 때, 습관 말하다 남하(예를 들어 황제 내려가다 강남),

去北方时，习惯说北上。
가다 북쪽 ~할 때, 습관 말하다 북상

当要去厕所时要去院子的北面，所以说上厕所。
~가야 하다 화장실 ~때 ~가야 하다 마당 북쪽,　그래서 말하다 가다 화장실

当要去厨房时，要去院子的南面，所以说下厨房。
~가야 하다 주방 ~때,　~가야 한다 마당 남쪽,　　그래서 말하다 가다 주방

해석_ 왜 화장실은 올라가다, 주방은 내려간다는 것으로 표현할까? 중국에는 예로부터 오행(五行)이라는 것이 있었는데, 오행이란 각각 다섯 방위를 나타낸다. 예전에는 화장실을 북동쪽에 지었고, 주방은 남동쪽에 설치하였다. 남쪽으로 갈 때에는 습관적으로 남하하다(예를 들어 황제가 강남으로 내려가다)라고 말하고, 북쪽으로 갈 때에는 습관적으로 북상하다고 말한다. 이로 인해 화장실을 갈 때는 마당의 북쪽으로 가야하기에 "화장실에 올라가다"라고 말하고, 부엌으로 갈 때는 마당의 남쪽으로 가야하기에 "주방으로 내려가다"라고 말한다.

단어
厕所 cèsuǒ　변소, 화장실
厨房 chúfáng　주방, 부엌
自古以来 zìgǔ yǐlái　예로부터
五行 wǔxíng　오행(만물을 구성하는 다섯 요소)
分别 fēnbié　구분하다, 식별하다
对应 duìyìng　대응하다
偏 piān　치우치다, 편중되다
建造 jiànzào　짓다, 건조하다
位置 wèizhì　위치, 자리
院子 yuànzi　뜰, 마당
当 ~ 时 : ~~할 때

还有一个原因就是法医这行没有休息时间，
또 있다 하나 원인 바로 법의학 이 직업 없다 휴식 시간,

一天二十四小时准备， 有案情随时出发，
하루 24시간 준비하다, 생기다 사건 즉시 출동하다

有时候刑警们恩威并施地或命
어떤 때 경찰들 온화함과 위협으로 명령하거나

令或请求尽快拿到检验结果，
부탁하다 최대한 빨리 얻다 검사 결과,

法医就要加班加点， 点灯熬油，
법의학자 ~해야 한다 야근하다, 불 켜다 밤늦게까지 자지 않다

弄得自己家里头老公怒孩子怨，
~하게 되다 자기 집 남편 화나다 아이 원망하다,

根本就无法胜任妻子或母亲的角色。
근본적으로 ~할 수 없다 감당하다 아내 혹 엄마의 역할

해석_ 또 하나의 이유가 있는데 바로 법의학자라는 이 직업은 휴식 시간이 없다, 하루 24시간 준비해야 하고, 사건이 발생하면 즉시 출동해야 한다. 어떤 때는 경찰들이 검사 결과를 최대한 빨리 얻기 위해 온화함과 위협으로 명령하거나 부탁하기도 한다. 그러면 법의학자는 야근을 하고 밤늦게까지 일을 해야 한다. 결국 남편을 화나게 하고 아이의 원망을 사는 등, 근본적으로 아내 혹은 엄마의 역할을 도저히 감당할 수가 없다.

> 단어

法医 fǎyī　법의학, 법의학자
案情 ànqíng　사건
随时 suíshí　즉시
刑警 xíngjǐng　경찰
恩威并施 ēnwēibìngshī　은혜와 위엄을 병행하다
请求 qǐngqiú　요청하다, 부탁하다
检验 jiǎnyàn　검사하다
熬油 áoyóu　등잔 기름을 낭비하다, 늦게까지 자지 않다
弄得 nòngde　~하게 하다
怒 nù　화나다, 분노하다
胜任 shèngrèn　(맡은 임무, 직책 등) 능히 감당하다
角色 juésè　배역, 역할

> 참고

중요 내용을 체크하며 읽는 방법은 중국어 독해가 "해석"이 아닌 "읽기"의 단계로 전환되는 걸 의미한다. 그만큼 문법에 의존하여 문장을 분석하듯 읽던 기존의 방식에서 벗어나 내용에 좀 더 집중하게 된다. 더 나아가 중국어가 지루한 학습의 대상에서 벗어나 학습자에게 새로운 즐거움을 가져다주는 또 하나의 여가 활동이 될 수 있음을 알려주는 계기가 된다.

MEMO

지금부터는 비교적 긴 문장을 읽으며 직독직해를 연습해보자.
단문과 단문을 잘 연결하여 전체 내용을 파악하는 데 주력하자.

제 4장

직독직해 실전 연습 1

1 짧은 분량의 직독직해 A

아래의 예문들은 비교적 짧은 분량으로 편집된 연습 문장이다. 천천히 어순대로 읽으며 문장의 내용을 파악해 보자. 특히 문장에 없는 부분까지 잘 파악하면서 앞뒤 문장을 연결하여 읽는 데 초점을 맞춘다. 그리고 우리말로 매끄럽게 해석하려 애쓰지 말자, 적절한 단어가 생각나지 않으면 이미지로 연상하거나 장면을 떠올리며 내용을 이해하도록 노력하자.

연습 포인트

- 문장 속의 핵심적인 내용에 밑줄을 그어보자.
- 핵심 단어를 중심으로 문장 전체의 내용을 머릿속으로 정리하며 읽어 보자.

1. 我刚进公司那会儿，和周围人不熟，
   나 막 입사하다 회사 그때, 주변 사람과 친하지 않다,

   除了工作之外都没什么交流。
   업무를 제외하면 없다 어떤 교류도,

   陈杰是我唯一聊得来的同事，
   陈杰 이다 나 유일하게 얘기가 통하는 동료

主要他和我年龄相仿又玩同一个游戏，
특히 그와 나 나이가 비슷하다 또 하다 같은 게임,

自然是有话题可聊。
자연스럽게 화제가 있다 이야기할 만하다

해석_ 나는 막 회사에 입사했을 때 주변 동료들과 친하지 않아 업무를 제외하곤 어떤 교류도 없었다. 陈杰는 나와 말이 통하는 유일한 동료로서, 나와 나이가 비슷하고 또 같은 게임을 하면서 자연스럽게 이야기를 나눌 화젯거리가 생겼다.

단어

那会儿 nàhuìr (과거 시점) 그때
除了~~ 以外 : ~~을(를) 제외하고
交流 jiāoliú 교류하다, 왕래하다
唯一 wéiyī 유일하다
聊得来 liáodelái 얘기가 잘 통하다
年龄 niánlíng 연령, 나이
相仿 xiāngfǎng 엇비슷하다
可 : 주로 동사 앞에 놓여 <~~할 만한 가치가 있다>라는 의미로 사용된다
话题 huàtí 화제, 이야깃거리

2. 人啊，不能指着一件事活着，该放下就放下，
사람은, ~해서 안 된다 의지하다 한 가지 일 살다, 포기할 건 포기한다,

当歌手当不成，　那就怀揣这个梦想，
가수가 되다 될 수 없다,　그럼 가슴에 묻다 이 꿈

去找下一个梦想，扬帆起航，　总会有新收获的，
가다 찾다 다른 꿈, 본격적으로 시작하다, 언젠가 ~있을 것이다 새로운 수확,

不然太极端，害的只有自己。
그렇지 않고 너무 극단적, 손해보다 단지 자신

해석_ 사람은 한 가지 일에만 매달려 살아서 안 된다, 포기할 건 포기한다. 가수가 될 수 없다면 그 꿈은 가슴에 묻어두고 다른 꿈을 찾아서 본격적으로 시작한다. 언젠가 새로운 성과가 있을 것이다, 그렇지 않고 너무 극단적이면 결국 손해 보는 건 자신일 뿐이다.

단어

指着 zhǐzhe 의지하다, 기대다
怀揣 huáichuāi 품속에 묻어두다, 넣어두다
扬帆起航 yángfānqǐháng 돛을 올리고 출항하다, 본격적으로 시작하다
收获 shōuhuò 거두어들이다, 수확
极端 jíduān 극단적이다, 심하다
害 hài 손해를 입다, 해를 끼치다

3. 现代社会，人们在强调一个名词，叫做"双赢"，
현대 사회　　사람들 강조하다 한 단어,　　부르다 윈윈,

什么是双赢？顾名思义就是双方都得到好处，
무엇이 윈윈인가, 이름에서 알 수 있듯이 바로 쌍방이 모두 얻다 이익

双方通过合作，都获取一定的利益，
쌍방 통하다 합작,　　모두 얻다 일정한 이익,

这样的话，谁都能尝到甜头。
이렇다면,　　누구 모두 ~을 수 있다 맛보다 이익

해석_ 현대 사회에서 사람들은 "윈윈"이라는 단어를 강조한다. 그럼 윈윈이란 무엇인가? 말 그대로 양측이 모두 이익을 얻는 것으로, 양측이 협력하여 일정한 이익을 얻는 걸 말한다. 그러면 누구나 모두 즐거움을 누릴 수 있다.

단어

强调 qiángdiào 강조하다
双赢 shuāngyíng 양측이 모두 이익을 얻다, 윈윈하다
叫做 : ~라고 부르다(불리다), 일컫다 (把 ~~ 叫做 ~~ 형태로 많이 사용된다)
顾名思义 gùmíngsīyì 이름을 보고 그 뜻을 생각하다, 말 그대로
好处 hǎochù 장점, 이익
获取 huòqǔ 얻다, 취득하다
利益 lìyì 이익
甜头 tiántóu 재미. 이익

4. 过好自己的人生比什么都重要。别人再精彩，
  잘 지내다 자신의 인생 무엇보다 중요하다, 다른 사람 아무리 멋지다,

自己也不会过到别人的人生里去。
  자신도 ~을 수 없다 들어가다 다른 사람의 인생 속

每个人都有自己的生活，不是活给别人看的。
  누구나 모두 있다 자신의 생활,　아니다 살다 남에게 보여주다

해석_ 자신의 인생을 잘 살아가는 게 무엇보다 중요하다. 다른 사람의 인생이 아무리 화려하고 멋지다한들 자신이 그 사람의 인생 속으로 들어갈 순 없다. 누구나 자신만의 생활이 있으며, 남에게 보여주기 위해 사는 게 아니다.

단어

过好 guòhǎo 잘 지내다
再 : 아무리, 더 ("아무리 ~~하다" 과장하여 강조하는 어감을 나타낸다)
精彩 jīngcǎi 훌륭하다, 근사하다

5. 人生就是一个磨练的过程。如果没有这些酸甜苦辣，
인생 곧 ~이다 하나의 수련의 과정, 만약 없다 이런 온갖 시련,

你永远都不会成熟。　　平坦不是路，
당신 영원히 ~못할 것이다 성숙, 평탄하다 아니다 길

起伏才是最佳人生。对自己说一声，
기복이야말로 ~이다 가장 좋은 인생, 자신에게 말하다,

昨天挺好，　今天也很好，明天会更好。
어제 매우 좋다, 오늘도 아주 좋다, 내일은 ~을 것이다 더욱 좋다

해석_ 인생은 수련의 과정이다. 세상의 온갖 고초를 경험하지 않았다면 당신은 영원히 성숙할 수 없을 것이다. 평탄하기만 한 것은 길이 아니며, 오르막과 내리막이야말로 멋진 인생이다. 자신에게 말하라, 어제는 괜찮았고, 오늘도 매우 좋았으며, 내일은 더 좋아질 것이라고.

단어

磨练 móliàn 갈고 닦다, 연마하다
酸甜苦辣 suāntiánkǔlà 신맛, 단맛, 쓴맛, 매운맛, 세상의 온갖 고초
成熟 chéngshú 성숙하다
平坦 píngtǎn 평탄하다
起伏 qǐfú 오르락내리락, 기복
佳 jiā 좋다, 훌륭하다

6. 孩子们处在竞争的环境中，
아이들 처하다 경쟁의 환경 속,

再努力也达不到父母的要求，
아무리 노력해도 도달할 수 없다 부모의 요구,

他们都非常失望，自卑，
그들 모두 매우 실망하다 열등감을 가지다

自己想我不是父母想的那块读书的料。
자신 생각하다 나 아니다 부모가 생각하는 그런 공부할 재목

해석_ 아이들이 경쟁 환경 속에 처하여 아무리 노력해도 부모님의 요구를 만족시킬 수 없게 되자 아이들은 매우 실망하고, 열등감을 가진다. 자신은 부모님이 생각하는 공부할 재목감이 아니라고 생각한다.

단어
处 chǔ　(어떤 상황 속에) 놓이다, 처하다
竞争 jīngzhèng　경쟁하다
环境 huánjìng　환경, 주변 상황
失望 shīwàng　실망하다
自卑 zìbēi　스스로 낮추다, 열등감을 가지다
是 ~~ 的料 : ~~할 재목감이다, ~~가 될 소질이 있다

7. 命案侦查最重要的就是确定死者的身源。
살인사건 가장 중요한 건 바로 ~이다 확정하다 사망자의 신원,

只要凶手不是突发性杀人，一旦确认身份，
~하면 범인 아니다 돌발적 살인,　　일단 확정하다 신분

就可以从死者的人际圈侦查可疑人员。
~할 수 있다 사망자의 주변인에서 수사하다 수상한 사람,

但如果连死者是谁都不清楚，　　就很难进行下一步行动。
그러나 만약 ~조차 사망자 이다 누구 모르다, 매우 어렵다 진행하다 다음 행동

해석 살인 사건에서 가장 중요한 건 바로 사망자의 신원을 확정하는 것이다, 만약 범인이 우발적으로 살인을 저지른 게 아니라면 일단 신원을 확정한 후, 사망자의 주변 인물 중 의심되는 사람을 조사할 수 있다. 그러나 사망자가 누구인지조차 모른다면 다음 단계로 진행하기가 매우 어렵다.

단어

命案 mìng'àn   살인 사건
侦查 zhēnchá   수사하다, 조사하다
身源 shēnyuán   신원, 신분
凶手 xiōngshǒu   살인범, 범인
突发性 tūfāxìng   우발적, 돌발적
一旦 yídàn   일단, 잠깐
确认 quèrèn   확인하다
人际圈 rénjìquān   인적 관계
可疑 kěyí   수상하다, 의심스럽다
行动 xíngdòng   행동, 활동

---

8. 糖果虽好吃，但是不可过量。
사탕 비록 맛있다, 그러나 ~해서 안 된다 양을 초과하다,

吃多了对牙齿不好，大家不要一下子吃太多。
많이 먹다 이빨에 안 좋다, 여러분 ~하지 마라 한 번 먹다 너무 많다

吃完了记得好好刷牙， 在享受美味同时，
다 먹고 기억하다 잘 양치하다, 누리다 맛있는 음식 동시,

别忘记要好好保护牙齿。
잊지 마라 ~해야 한다 잘 보호하다 치아

해석_ 사탕은 맛있지만 지나치게 많이 먹어선 안 된다. 많이 먹으면 치아에 안 좋으니 한 번에 많이 먹지 않는다. 다 먹고 나면 이를 잘 닦아 맛있는 음식을 즐기면서 치아도 잘 보호해야 한다는 걸 잊지 말아야 한다.

단어

糖果 tángguǒ　사탕, 캔디
不可 : ~해서는 안 된다
过量 guòliàng　(분량 등) 초과하다
牙齿 yáchǐ　이빨, 치아
刷牙 shuāyá　이를 닦다, 양치하다
享受 xiǎngshòu　즐기다, 누리다
保护 bǎohù　보호하다
在 ~~ 同时 : ~~와(과) 동시에

9. 说到早点怎么能少了这口油油的炸糕，
말하다 아침 식사 어찌 ~할 수 있다 빠지다 윤기나는 炸糕,

一大早吃上一口外酥里嫩的炸糕太舒服了。
이른 아침 먹다 겉은 바삭 속은 촉촉한 炸糕　매우 편하다

咬开焦脆的外皮，里面是白色的糯米，
베어물다 바삭한 껍질, 안쪽 ~이다 흰색의 찹쌀,

甜甜的豆沙， 怎么吃都吃不够。
달달한 팥고물,　아무리 먹어도 모자라다

해석 아침 먹거리를 얘기할 때 윤기 가득한 炸糕가 빠질 수 없다, 이른 아침 겉은 바삭하고 속은 촉촉한 炸糕를 먹으면 매우 즐겁다. 바삭한 껍질을 베어 물면 안에는 흰색의 찹쌀과 달달한 팥고물이 들어 있는데 아무리 먹어도 양이 차지 않는다.

단어

早点 zǎodiǎn　(간단하게 먹을 수 있는) 아침 식사
少 : 모자라다, 빠지다
炸糕 zhágāo　자까오 (주로 단팥이 들어간 찹쌀 도넛의 일종)
一大早 : 이른 아침, 새벽, <大>는 시간 관련 명사와 어울려 과장된 어감을 나타낸다,
　　　　大白天(대낮)， 大晚上(한밤중) 등
外酥里嫩 wàisūlǐnèn　겉은 바삭하고 속은 촉촉하다
咬开 yǎokāi　깨물다
焦脆 jiāocuì　(음식물 등) 바삭바삭하다
糯米 nuòmǐ　찹쌀
豆沙 dòushā　팥고물, 단팥

10. 奶奶说得对，　虽然我们一讲起鬼故事就觉得害怕，
　　　할머니 말씀이 맞다, 비록 우리 말하다 귀신 이야기 곧 느끼다 무섭다,

但细想起来，　　鬼也是人变的，
그러나 자세히 생각하면　귀신도 이다 사람이 변한 것

若不是有仇有冤，不会去害人的。
만약 아니다 있다 원함, 억울함, ~하지 않을 것이다 사람을 해치다,

所以我奶奶很小的时候就教过我，
그래서 나 할머니 매우 어렸을 때 가르치다 나에게

若真的看到了什么，不要慌，就当没看见，
만약 정말 보다 무언가,　　당황하지 말고, ~로 여기다 아니다 보다,

就是对自己最好的保护。
바로 이다 자신에 대한 가장 좋은 보호

해석_ 할머니 말씀이 옳으셨다. 비록 우리는 귀신 얘기를 꺼내기만 하면 무서워하지만, 가만히 생각해 보면 귀신도 사람이 변한 건데, 만약 원한이나 억울함이 없다면 사람을 해치지 않을 것이다. 그래서 내가 어릴 적에 할머니께서 만약 진짜로 귀신을 본다면 당황하지 말고 못 본 척하는 게 자신을 보호하는 최선의 방법이라고 알려주셨다.

단어

鬼故事 guǐgùshì 　귀신 이야기
害怕 hàipà 　무섭다
细想 xìxiǎng 　자세히 생각하다
若不是 ruò búshì : 만약 ~~ 아니면
有仇有冤 yǒuchóu yǒuyuān 　원한과 억울함이 있다
害人 hàirén 　사람을 해치다, 피해를 끼치다
慌 huāng 　당황하다, 허둥대다
当 dāng 　~로 여기다, 간주하다
保护 bǎohù 　보호

2 짧은 분량의 직독직해 B

1. 从小到大， 母亲打我， 我都觉得很痛，
어릴 때부터 어머니 때리다 나, 나 항상 느끼다 매우 아프다,

我能感受到母亲是为了教育我才这么做。
나 느낄 수 있다 어머니 ~위해 교육하다 나 이렇게 하다

但是今天母亲打我， 我已经感觉不到痛了。
그러나 오늘 어머니 때리다 나, 나 이미 느끼지 못하다 아픔,

这说明母亲的身体愈来愈虚弱，
이것 설명하다 어머니 건강 갈수록 쇠약하다

我奉养母亲的时间愈来愈短了。
나 봉양하다 어머니 시간 갈수록 줄어든다,

想到此， 我不禁悲从中来。
여기까지 생각하다 나는 금할 수 없다 슬픈 감정

해석_ 자라면서 어머니께서 나를 때리면 항상 매우 아프게 느꼈다. 나는 어머니께선 나를 훈육하기 위해 이렇게 하셨다는 걸 안다. 그런데 오늘 어머니께서 나를 때리셨지만 나는 더 이상 아픔을 느끼지 못했다. 이는 어머니의 건강이 나날이 쇠약해지고, 내가 어머니를 봉양할 수 있는 시간이 갈수록 줄어듦을 의미한다. 이런 생각에 나는 슬픈 마음을 참을 수가 없었다.

단어

感受 gǎnshòu 받다, 느끼다
愈来愈~ yùláiyù 갈수록, 점점 (=越来越~)
虚弱 xūruò 허약하다, 쇠약하다
奉养 fèngyǎng (웃어른, 부모) 봉양하다, 섬기다
不禁 bújìn (자신도 모르게) 참지 못하다, 금치 못하다
悲从中来 bēicóngzhōnglái 슬픔 감정이 가슴 속에서 솟아나다

2. 不要等到生病住院了，　　才明白健康是多么的重要。
~하지 마라 기다리다 병이 나서 입원, 겨우 알다 건강 얼마나 중요,

身体是自己的，不论好坏都得自己承载。
신체는 자신의 것,　좋든 나쁘든 모두 ~해야 한다 자신이 감내하다

健康的身体让我们如鱼得水，游山玩水，
건강한 신체 우리가 물 만난 물고기처럼 자연을 즐기다,

不健康的身体可以让我们度日如年，
건강하지 못한 신체 ~할 수 있다 우리로 하여금 하루를 일 년처럼 보내다

甚至于拖垮一个家庭。生活要注重细节，
심지어 무너뜨리다 한 가정,　생활 ~해야 한다 세세한 부분,

平时要善待自己，　　克制自己，
평소 ~해야 한다 사랑하다 자신, 절제하다 자신

健康都是从一点一滴的好习惯中培养出来的。
건강 항상 조금씩 좋은 습관 속으로부터 길러지다

해석_ 병이 나서 입원한 후에야 건강이 얼마나 소중한지 깨닫지 마라. 신체는 자신의 것으로, 좋든 나쁘든 자신이 감내해야 한다. 건강한 신체는 마치 우리가 물을 만난 물고기처럼 자유롭게 즐길 수 있지만, 건강하지 못한 신체는 하루를 일 년처럼 지루하게 느끼고 심지어 한 가정을 무너뜨리기도 한다. 살아가면서 작은 것에 신경 쓰며, 평소 자신을 사랑하고 절제해야 된다. 건강은 항상 이렇게 조금씩 좋은 습관 속에서 길러진다.

단어

承载 chéngzài   싣다, 적재하다, 지탱하다
如鱼得水 rúyúdéshuǐ   물고기가 물을 만나다
游山玩水 yóushānwánshuǐ   자연을 감상하다, 즐기다
度日如年 dùrìrúnián   하루가 일 년 같다
拖垮 tuōkuǎ   (나쁜 원인으로) 실패하다, 넘어지다
注重 zhùzhòng   중요시하다, 강조하다
细节 xìjié   자세한 사정, 세부 사항
善待 shàndài   우대하다, 잘 대접하다
克制 kèzhì   자제하다, 억제하다
一点一滴 yīdiǎnyīdī   약간, 조금씩
培养 péiyǎng   배양하다, 키우다

3. 老李忙活了半辈子，本以为退休后能够好好享福了。
老李 바쁘게 일하다 반평생, 본래 ~라고 생각하다 은퇴 후 ~할 수 있다 잘 복을 누리다,

不想一次体检查出了肺癌，
예상 못하게 한 차례 신체검사 검출되다 폐암

虽然还没到晚期，但也足够可怕，
비록 아직 아니다 말기 하지만 충분하다 두렵다,

通知了家属之后当天就办理了住院手续。
알리다 가족 이후 당일 처리하다　입원 수속

这突然的重病让老李一时接受不了，
이런 갑작스런 중병 老李로 하여금 잠시 받아들일 수 없다,

有一段时间老是睡不着做噩梦，治疗效果可想而知了。
한 동안 자주 잠을 못 자고 악몽 꾸다　치료 효과 예상할 수 있다

不过在一周的"思想斗争"之后，老李也逐渐看开了。
그러나 일주일의 사상 투쟁 후　老李 점차 체념하다,

这份坦然一部分是归功于儿子的劝解。
이런 안정된 모습 일정 부분 ~의 덕분이다 아들의 권유

해석. 老李는 반평생을 바쁘게 살아왔고 퇴직 후에는 여생을 편안하게 보낼 생각이었다. 하지만 건강검진에서 뜻하지 않게 폐암이 발견되었다. 비록 아직 말기는 아니지만 매우 두려웠다. 가족에게 연락한 후 당일 입원 수속을 마쳤다. 치료 효과는 예상할 수 있지만, **老李**는 갑작스러운 중병을 받아들일 수가 없어 한동안 잠을 제대로 못 이루고 악몽을 꾸었다. 하지만 일주일 간의 정신적인 고충을 겪고 난 후 **老李**는 점차 체념하고 받아들였다. 이렇게 마음이 안정되고 편안해진 데는 일정 부분 아들의 설득 덕분이다.

단어

半辈子 bànbèizi 반평생
退休 tuìxiū 은퇴하다, 퇴직하다
享福 xiǎngfú 복을 누리다, 안락하게 지내다
肺癌 fèi'ái 폐암
晚期 wǎnqī 말기
家属 jiāshǔ 가족(보호자)
噩梦 èmèng 악몽
治疗 zhìliáo 치료하다
可想而知 kěxiǎngérzhī 미루어 짐작할 수 있다, 예상할 수 있다
看开 kànkāi 체념하다, 달관하다
坦然 tǎnrán 마음이 안정되어 편안한 모습
归功于 guīgōngyú 공로를 ~~에게 돌리다, ~~의 덕택이다
劝解 quànjiě 권유, 설득하다

4. 小时候由于父母忙，　　我平时就住在爷爷家里，
어렸을 때 ~ 때문 부모님 바쁘다 나 평소 살다 할아버지 댁에,

只有周末才会被我妈接回去住，
단지 주말에야 엄마가 데리고 돌아가다 묵다

有时候甚至周末都不回。
어떤 때 심지어 주말 돌아가지 않았다,

这种情况一直维持我上五年级，　妈妈调换了岗位
이런 상황 계속 유지되다 나 5학년에 다니다, 엄마 바꾸다 직장

终于有时间来照顾我的饮食起居了，
마침내 시간 나다 돌보다 나의 일상생활,

才把我从爷爷那里接回了家。　　　随着时间的推移，
그제서야 나를 할아버지 댁에서 집으로 데려오다, ~에 따라 시간의 변화

我的学业越来越重， 看望爷爷的次数也从每周换到了每月，
나의 학업 갈수록 가중되다, 방문하다 할아버지 횟수도 매주에서 매월로 바뀌다,

有时候甚至几个月才会去爷爷家去一趟。
어떤 때 심지어 몇 개월 겨우 할아버지 댁에 가다 한 번

해석 나는 어렸을 때 부모님이 바쁘셔서 평소에는 할아버지 댁에서 생활했다. 주말이 되어서야 엄마가 집으로 데리고 갔는데, 어떤 때는 주말에도 돌아가지 않았다. 이런 상황은 내가 초등학교 5학년 때까지 계속되었다. 엄마가 직장을 바꾸고 마침내 나의 일상생활을 돌볼 여유가 생긴 후에야 나를 할아버지 댁에서 집으로 데려왔다. 시간이 흘러 나의 학업은 갈수록 바빠졌고, 할아버지를 뵈러가는 횟수도 매주에서 매달로 바뀌었다. 심지어 어떤 때는 몇 달에 한 번 겨우 할아버지 댁을 방문했다.

단어

甚至 shènzhì 심지어, ~조차도
维持 wéichí 유지하다
调换 diàohuàn 바꾸다
岗位 gǎngwèi 직장
照顾 zhàogù 돌보다
饮食起居 yǐnshíqǐjū 일상생활
推移 tuīyí 변화
看望 kànwàng 방문하다, 문안드리다
次数 cìshù 횟수

5. 当时有急事，我完全没注意到地上还躺着一个人，
당시 있다 급한 일, 나 완전 주의하지 못하다 땅에 누워있다 한 사람,

结果才撞了那个人。
결국 치었다 그 사람

事后我也没有逃跑，把那人送到了医院，
사고 후 나도 도망가지 않고, 그 사람을 데려갔다 병원,

不过没想到报纸上却把我写的跟个杀人犯似的，
그러나 뜻밖에 신문에 오히려 나를 보도하다 살인범인 것처럼

让我觉得十分恼火。 后来还被人肉搜索，
나는 느끼다 몹시 화가 나다, 후에 게다가 신상 털기를 당했고,

周围的人都把我当成个罪人一样。
주변 사람은 모두 나를 여기다 범인과 같이

就连我的家庭也受到了十分严重的伤害。
나의 가정까지도 입었다 매우 심각한 피해

最让我感到伤心的是，就连我的家人都开始责怪我，
가장 나를 상심하게 한 것은 우리 가족들조차 모두 시작하다 원망하다 나

让我痛不欲生。
나로 하여금 너무 슬퍼 죽고 싶다

해석 당시 나는 급한 일로 가고 있었는데, 길에 한 사람이 누워 있는 걸 보지 못하고 결국 사람을 치었다. 사고가 난 후 나는 도망가지 않고 그 사람을 병원에 데려갔다. 하지만 뜻밖에 신문에는 나를 마치 살인범인 것처럼 보도되어 나는 몹시 화가 났다. 그 후 신상 털기를 당했고 주변 사람들은 나를 범죄자로 여겼다. 나의 가정까지도 매우 심각한 피해를 입었다. 하지만 나를 가장 마음 아프게 한 건 바로 우리 가족조차 나를 원망하기 시작했다는 점이다. 나는 정말 죽고 싶을 만큼 괴로웠다.

단어

逃跑 táopǎo (불리한 상황을 모면하기 위해) 도망가다, 달아나다
跟 ~~ 似的 : 마치 ~~처럼, ~~와 같이
恼火 nǎohuǒ 화내다, 노하다
人肉搜索 rénròusōusuǒ (인터넷에 사람의 신원을 공개하는 것) 신상 털기
当成 dàngchéng ~~로 여기다, ~~로 간주하다
罪人 zuìrén 죄인
严重 yánzhòng 중대하다, 심각하다
伤害 shānghài 상처를 입다, 해치다
责怪 zéguài 원망하다, 책망하다
痛不欲生 tòngbúyùshēng 너무 슬퍼 죽고 싶은 생각뿐이다

6. 我是一个很普通的漫画作者，过着和很多同行一样的生活。
나 ~이다 매우 보통 만화 작가이다,　　　지내다 많은 동종 업계 사람과 같은 생활

每天都在寂静的深夜里工作。
매일 항상 고요한 심야에 일하다

这倒并不是我们不愿意白天
오히려 결코 ~아니다 우리 원하지 않다

与大家一起热热闹闹的工作，而是安静无人打扰的夜晚
낮에 다른 사람들과 함께 시끌벅적 일하다, ~이다 조용한 방해하는 사람이 없는 늦은 밤

真的很适合画画儿。
정말 매우 적합하다 그림 그리다,

每到这时候我就会不自觉的进入我的漫画世界里，
매번 이 시간 되면 나 자신도 모르게 들어가다 나의 만화 세계 속으로

去与我的主角一起战斗，那种感觉非常有趣。
가다 나의 주인공과 함께 싸우다, 그런 느낌이 매우 재미있다

해석_ 나는 매우 평범한 만화 작가이다, 많은 동종 업계 사람들과 같은 생활 방식을 가지고 있다. 매일 항상 고요한 심야에 일을 한다. 이것은 우리가 낮에 다른 사람들과 시끌벅적거리며 일하기 싫어서가 결코 아니다, 바로 조용하고 방해하는 사람이 없는 늦은 밤이야말로 그림 그리기에 매우 적합하기 때문이다. 매번 이 시간이 되면 나는 자신도 모르게 나의 만화 세계 속으로 들어가 나의 주인공과 함께 전투를 벌이는데, 그런 느낌이 매우 재미있다.

단어

同行 tóngháng 동종 업계, 같은 업종의 사람
寂静 jìjìng 고요하다, 적막하다
打扰 dǎrǎo 방해하다, 귀찮게 하다
适合 shìhé 알맞다, 부합하다
不自觉 bùzìjué 자기도 모르게
战斗 zhàndòu 전투하다, 싸우다
有趣 yǒuqù 재미있다, 흥미롭다

7. 我也听到了有关这个男人的故事：
나도 들었다 그 남자와 관련된 이야기,

大学的时候他疯狂的爱上了一个同系的女生，
대학 때 그　　미치도록　　사랑하다　　같은 과의 여학생

可是却从不敢表白，
그러나 오히려 엄두가 나질 않다 고백,

那个女生也从来没有向他多看一眼，
그 여학생도 한 번도 ~하지 않다 그에게 눈길 주다,

就这样同窗四载，
그렇게 4년간 함께 공부하다

又各奔东西，在他心中留下了永远的痛。
또 각자의 길을 찾아 떠나다 그 마음속에 남았다 영원한 고통,

他现在的太太是他的小师妹，
그 지금의 부인 ~이다 그의 학교 후배

在他来到这里2年后也追随他来到这个小城，
그 이곳에 오고 2년 후 그를 따라 왔다 이 작은 도시,

20多年，　他们结婚生子，平静的生活着。
20여 년 동안 그들 결혼하고 아이를 낳다 안정된 생활하다

那个打破这份平静的女大学生，
그런 깨뜨리다 이런 평온함 여대생,

相貌酷似当年他心中的她, 　　 于是他决定让花说出
외모 매우 닮았다 당시 그 마음속의 그녀 그리하여 그 결정하다 꽃으로 말하다

那沉积在他心中20多年的那句话。
그 쌓여있다 그 마음속 20여 년간 그 말,

可是他忘记了时光流转,
그러나 그 잊었다 세월의 흐름, 하마터면

差点因此失去这一生最爱他的太太。
이로 인해 잃어버리다 평생 가장 그를 사랑하는 부인

如今的他已经平静的生活在属于他的幸福里面。
오늘날 그 이미 안정된 생활하다 ~에 속하다 그의 행복 속

해석_ 나도 그 남자와 관련된 이야기를 들었다. 그는 대학 때 같은 과 여학생을 미치도록 사랑했지만 고백할 엄두가 나질 않았고, 그 여학생도 그 남자에게 눈길 한 번 주지 않았다. 그렇게 4년의 학창 시절이 지나고 서로 각자의 길을 가면서, 그 남자의 마음속에는 평생의 아픔으로 남았다. 그 남자의 부인은 학교 후배로서, 그 남자가 이 곳에 오고 2년 후 그를 따라 이 작은 도시로 오게 되었다. 20여 년이 흘렀고, 그 사이 그들은 결혼하여 아이를 낳고 안정된 생활을 하고 있다.

　이 평온함을 깨뜨린 여대생은 외모가 그 남자 마음속의 그녀와 매우 닮았다. 그리하여 그는 20여 년간 마음속에 간직하고 있던 그 말을 꽃으로 전달하고자 했다. 하지만 그 남자는 이미 세월이 흘렀음을 잊어버렸고, 그 일로 인해 한평생 자신을 가장 사랑하는 부인을 잃을 뻔 했다. 현재 그 남자는 자신의 행복 속에서 안정된 삶을 보내고 있다.

단어

玫瑰 méiguī　장미꽃
疯狂 fēngkuáng　미치다, 광분하여 날뛰다
同系 tóngxì　같은 과
表白 biǎobái　(생각, 태도 등) 표명하다, 고백하다
同窗 tóngchuāng　한 학교에서 같이 배우다, 동창
各奔东西 gèbèndōngxī　각자의 길을 찾아 떠나다
师妹 shīmèi　동문 여자 후배
追随 zhuīsuí　뒤쫓아 따르다
平静 píngjìng　평온하다, 차분하고 안정되다
打破 dǎpò　깨뜨리다, 때려 부수다
相貌 xiàngmào　외모
酷似 kùsì　몹시 닮다, 매우 비슷하다
沉积 chénjī　가라앉아 쌓이다, 퇴적하다
流转 liúzhuǎn　흐르다, 이곳저곳으로 떠돌다
失去 shīqù　잃어버리다
属于 shǔyú　(어떤 범위에) ~에 속하다

---

8. 代沟，　是两代人之间的事。
   세대 차이, ~이다 두 세대 사이의 일,

   岁月流逝总会带走一些东西，
   세월의 흐름 언제나 가져가다 무엇들,

   积淀一些东西，又产生一些东西。
   쌓이게 하다 무엇을, 또 만들어 내다 어떤 물건을

   那些被带走的和新产生的东西之间就产生了观念上的差距。
   그런 가져가고 새로 만든 물건 사이 생산하다 관념상의 차이,

我们把它叫做"代沟"。
우리 그것을 부르다 "세대 차이"

反省自身是最基本的步骤。
반성하다 자신 이다 가장 기본적 순서,

不要总把自己放在受害者的位置上， 如果我们学会理解，
~하지 마라 언제나 자신을 놓다 피해자의 위치에 만약 우리 배우다 이해

会发现事情没有我们想象得那么糟。
~을 것이다 발견하다 일 ~하지 않다 우리 상상하다 그렇게 나쁘다,

沟通是渐进的过程，在有些时候，多一些谅解，
소통 ~이다 진전의 과정,　　어떤 때　　　더 양해하다

多一些借鉴。代沟只是时代变化留下的阶梯，
더 참고하다,　　세대 차이 단지 이다 시대 변화 남겨진 계단,

而不是伤害亲情的鸿沟。
~이 아니다 해치다 가족애의 큰 경계

해석_ 세대 차이는 두 세대 사이의 일이다. 세월의 흐름은 언제나 뭔가를 사라지게 하고, 쌓이게 하고, 또 무언가를 만들어 낸다. 사라진 것들과 새로 생겨난 것과의 사이에는 관념적인 차이가 발생하는데, 우리는 이것을 "세대 차이"라고 부른다. 자신을 되돌아보는 건 가장 기본적인 단계이며, 자신이 언제나 피해자라는 생각을 하지 말아야 한다. 우리가 이해하는 법을 깨닫게 되면 상황은 우리가 생각했던 것만큼 나쁘지 않다는 걸 알게 된다. 소통은 점점 나아지는 과정으로 어떤 때는 좀 더 양해하고, 좀 더 참고해야 한다. 세

대 차이는 단지 시대의 변화가 남긴 계단일 뿐, 가족애를 해치며 극복할 수 없는 경계가 아니다.

단어

代沟 dàigōu   세대 차이
岁月流逝 suìyuè liúshì   세월이 흘러가다
积淀 jīdiàn   (주로 사상, 관념 등) 오랫동안 쌓이다, 누적되다
观念 guānniàn   관념, 생각
差距 chājù   차이, 격차, 갭
反省 fǎnxǐng   반성하다, 되돌아보다
步骤 bùzhòu   순서, 단계
受害者 shòuhàizhě   피해자
糟 zāo   엉망이다, 나쁘다
渐进 jiànjìn   점진적이다, 점점 발전하다
沟通 gōutōng   교류하다, 소통하다
谅解 liàngjiě   이해하다, 양해하다
借鉴 jièjiàn   거울로 삼다, 참고하다
阶梯 jiētī   계단
亲情 qīnqíng   혈육의 정, 가족애
鸿沟 hónggōu   큰 격차, 넘을 수 없는 경계

9. 鞋子在制作的过程中都会使用到粘合剂，
신발 제작 과정에서 모두 ~을 것이다 사용하다 접착제,

所以新鞋子的胶味多多少少总是会有的，
그래서 새 신발의 본드 냄새 많고 적고 항상 있을 것이다

然而有时候味道大到难以去穿，
그러나 어떤 때 냄새 심하다 어렵다 신다

那么就需要借助一些有效的祛味的方法来减少鞋子
그럼 필요하다 빌리다 유용한 냄새 제거 방법으로 감소시키다 신발

胶味道的问题，所以我在这里介绍祛除鞋子胶味的方法。
본드 냄새 문제,　　그래서 나 여기에 소개하다 제거하다 신발 본드 냄새 방법,

首先就是鞋子的胶味
우선 바로 신발의 본드 냄새

可以用一些橘子皮来去除，
~할 수 있다 사용하다 귤껍질로 제거하다,

毕竟橘子皮闻起来比较清新又刺鼻，
어쨰든 귤껍질 냄새 맡으면 비교적 청량하고 또 자극적이다

所以放在鞋子里面祛味是最合适的。
그래서 놓다 신발 안쪽 제거하다 냄새 매우 적합하다,

再就是将新买来的鞋子放在外面，
또 바로 새로 산 신발을 놓다 외부

特别是通风干燥的地方，
특히 통풍 건조한 곳,

这对于去味道是非常有效的，　尤其是新鞋子的胶味。
이것은 ~에 대해 냄새 제거 대단히 효과적, 특히 새 신발의 본드 냄새

해석_ 신발은 제작 과정에서 접착제를 사용하기 때문에 새 신발은 많든 적든 언제나 본드 냄새가 난다. 하지만 때론 냄새가 너무 심해 신기가 곤란할 때도 있다. 그럼 어떤 효과적인 방법을 이용하여 신발의 본드 냄새를 없앨 수 있느냐에 대해 내가 신발의 본드 냄새를 제거하는 방법을 소개한다. 먼저 신발의 본드 냄새는 귤껍질로 제거할 수 있다. 귤껍질은 냄새가 청량하고 자극적이어서 신발 안쪽에 넣어두면 냄새를 없애는 데 매우 적합하다. 그리고 새로 산 신발을 통풍이 잘되고 건조한 곳에 놓아둔다. 이런 방법은 냄새 제거에 좋은데, 특히 새 신발의 본드 냄새 제거에 매우 효과적이다.

단어

制作 zhìzuò 제작하다, 만들다
粘合剂 niánhéjì 접착제, 본드
胶味 jiāowèi 아교 냄새, 본드 냄새
难以 nányǐ ~하기 어렵다(곤란하다)
借助 jièzhù (사물, 사람 등) 도움을 빌다, 힘을 빌리다
减少 jiǎnshǎo 감소하다, 줄이다
祛除 qūchú 제거하다, 없애다
橘子皮 júzipí 귤껍질
毕竟 bìjìng 결국, 어쨌든
清新 qīngxīn 신선하다, 청량하다
刺鼻 cìbí (냄새가) 코를 찌르다, 자극적이다
通风 tōngfēng 통풍, 바람이 통하다
干燥 gānzào 건조하다

10. 这个故事的主角叫李爱康， 他的身世很惨，
이 이야기의 주인공 ~라고 부르다 李爱康, 그의 신세 매우 비참하다,

从小母亲就跑了， 父亲是个赌鬼，
어릴 때 어머니가 도망하고 아버지 ~이다 노름꾼

从没尽过父亲的责任。　　李爱康从小就和奶奶一起住，
한 번도 ~한 적 없다 아버지의 책임,　李爱康 어릴 때부터 할머니와 함께 살다,

两人靠着政府的低保生活，
두 사람 의지하다 정부의 기초 생활보장

日子过得很苦……　　李爱康高中时曾一度辍学，
생활하다 매우 힘들다,　　李爱康 고등학교 때 한동안 학업을 쉬다,

好在学校了解了他的家庭情况，
다행히 학교 이해하다 그의 가정 상황

组织了几次爱心捐助，　　勉强算是补上了他的学费。
조직하다 몇 차례 사랑의 기부금,　간신히 ~할 수 있다 보태다 그의 학비,

重新获得学习机会的李爱康
다시 얻다 공부의 기회 李爱康

很珍惜来之不易的学习机会，更加发奋地读书，
매우 아끼다 힘들게 오다 공부의 기회,　더욱 분발하여 공부하다,

终于是功夫不负有心人，
마침내 노력은 뜻있는 사람을 저버리지 않다

他顺利考上了大学。　大学期间，
그 순조롭게 합격하다 대학, 대학시절

他做了几分兼职， 也申请了助学金，
그 하다 여러 겸직,　　　또한 신청하다 장학금

靠自己的力量赚出学费和平时的生活费。
의지하다 자신의 능력 벌다 학비와 평소 생활비,

班级了解到李爱康家的境况，也曾经想组织爱心捐款，
학급 이해하다 李爱康 집의 상황,　　또 이미 ~려고 하다 조성하다 사랑의 기부금

为他筹集一些生活费，缓解他的困难。
그를 위해 준비하다 생활비,　　덜어주다 그의 어려움,

但都被他拒绝了，　　　尽管困难一点，
하지만 모두 그에 의해 거절되다, 비록 조금 힘들지만

他也想靠自己的力量完成学业。
그 역시 ~려고 하다 의지하다 자신의 능력 완성하다 학업

해석 이 이야기의 주인공인 **李爱康**은 처지가 매우 불우했다. 그가 어릴 때 어머니는 도망갔고, 아버지는 노름꾼으로 한 번도 아버지의 책임을 다한 적이 없다. **李爱康**은 어릴 때부터 할머니와 함께 기초 생활 보장금에 의지하여 힘들게 생활했다. **李爱康**은 고등학교 때 한동안 학업을 중단한 적이 있었다. 다행히 학교에서 그의 가정 형편을 알게 되어 몇 차례 사랑의 기부금을 조성하여 겨우 그의 학비를 마련하였다. 다시 학업의 기회를 얻은 **李爱康**은 어렵게 찾아온 배움의 기회를 소중히 여기며 더욱 분발하여 공부에 매진하였다. 마침내 노력은 뜻있는 사람을 저버리지 않는다는 말처럼 그는 무난히 대학에 합격하였다.

대학 기간 동안 그는 몇 개의 아르바이트를 하고, 장학금도 신청하는 등, 자신의 힘으로 학비와 생활비를 벌었다. 학급에서도 **李爱康**의 집안 형편을 알고 사랑의 기부를 준비해 그를 위해 생활비를 마련하여 그의 어려움을 덜어주고자 했다. 하지만 그는 거절했다, 비록 조금 힘들지만 자신의 힘으로 학업을 마치려고 했다.

단어

主角 zhǔjué 주인공
身世 shēnshì （주로 불행한 환경) 신세, 처지
惨 cǎn （정도나 상태가) 형편없다, 비참하다
赌鬼 dǔguǐ 노름꾼
低保 dībǎo 기초 생활보장 (最低生活保障制度의 준말)
辍学 chuòxué 중도에 학업을 그만두다
好在 hǎozài 다행스럽게, 운 좋게
组织 zǔzhī 조직하다, 마련하다
捐助 juānzhù 재물을 기부하여 돕다
勉强 miǎnqiǎng 간신히, 가까스로
珍惜 zhēnxī 소중히 여기다
来之不易 láizhībúyì 어렵게 얻다
发奋 fāfèn 분발하다
功夫不负有心人 gōngfū búfù yǒuxīnrén 노력은 뜻있는 사람을 저버리지 않는다
兼职 jiānzhí 겸직하다, 아르바이트
助学金 zhùxuéjīn 장학금(학업 성적에 관계없이 생활 형편이 곤란한 학생에게 지급)
班级 bānjí 학급, 학년
境况 jìngkuàng 생활 형편, 상황
筹集 chóují 마련하다, 조달하여 모으다
缓解 huǎnjiě （급박하거나 긴박한 정도) 완화하다, 풀어지다
拒绝 jùjué 거절하다
尽管 jǐnguǎn 비록(설령) ~~하더라도, ~~불구하고

> **참고**

흔히 외국어 학습은 "단어"에서 시작하여 "단어"로 끝난다고 한다. 그만큼 단어는 독해를 포함해 말하기, 듣기, 쓰기 등 외국어 학습의 전 영역에 걸쳐 매우 중요한 요소이다. 문법에 통달하고 발음이 제아무리 정확해도 단어에서 무너지면 그야말로 "사상누각", 모래 위에 탑 쌓기에 불과하다.

독해의 흐름을 끊지 않기 위해 웬만하면 단어를 찾지 말라고 조언하는 이들이 있다. 앞뒤 문맥으로 단어의 뜻을 유추하면 사전을 찾지 않아도 그 뜻을 알 수 있다고 한다. 하지만 이런 방식은 독해의 흐름은 살릴 수 있어도 그 단어는 그 문장을 떠나면 잊어버리고 만다. 나중에 그 단어를 다시 만나면 "어디서 본 듯한데……"라며 기억을 더듬어 봐도 생각이 나질 않는다.

반드시 단어를 찾아 명확히 뜻을 알고 정리해두자. 그래야 나중에 같은 단어가 나오면 쉽게 이해할 수 있다. 독해의 흐름은 끊어지겠지만, 이렇게 외운 단어가 쌓이고 쌓이면 결국은 자신에게 도움이 된다.

단어만큼은 필사적으로 외우자!!!

아래는 수필, 소설, 신문 등에서 발췌한 문장들로 다양한 내용을 담고 있다. 문장이 길어 부담스러울 수 있지만, 천천히 읽으며 독해의 즐거움을 느껴보자. 그리고 우리말 해석에 너무 의존하지 말자, 직독직해의 핵심은 결국 중국어를 중국어 의미대로 받아들이고 이해하는 데 있다.

01 选择

　　细看人生，其实就是不断选择和放弃的过程。由于一个人的精力有限，注定我们必须要放弃一些东西，否则，我们本可以得到的东西，可能无法得到。有选择是一件幸福的事情，但可选择的东西太多，有时也会让我们迷失方向，心烦意乱！

　　选择是一种判断，是一种能力，也是一种责任。选择没有最好，只有合适，适合比什么都重要！有时，很难准确的说一种选择是对是错，因为在你做出一项选择的同时，往往必须放弃另一种选择，最终的结果 由时间来检验。但无论怎样的选择，我们都应该全力以赴，用心跟进，只有这样，我们才可能让自己的选择成功！

　　机会总是给有准备的人，你要想把握好机遇，必须足够的强大。让你强大最好的办法，就是长期坚持不懈的努力，默默无闻的奋斗。相信 你若盛开，蝴蝶自来，你若强大，天自安排！

〈선택〉

　　인생을 가만히 들여다보면, 결국은 끊임없이 선택하고 포기하는 과정이다. 사람의 능력은 한계가 있기에 우리는 반드시 필연적으로 무언가를 포기해야 한다. 그렇지 않으면 우리는 본래 얻을 수 있는 물건을 얻지 못할 수도 있다. 선택할 수 있다는 건 행복한 일이지만, 선택할 수 있는 것이 너무 많아도 때론 우리가 방향을 잃고 마음을 어수선하게 만든다.

　　선택이란 하나의 판단이며 능력이고 책임이다. 선택에는 최고란 없으며 단지 적합함만이 있을 뿐이다. 적합함은 그 무엇보다 중요하다. 때로는 선택의 옳고 그름을 명확하게 말하기 어렵다. 왜냐하면 당신이 하나를 선택하는 것은 동시에 또 다른 선택을 포기하는 것이며, 최종 결과는 시간으로 검증되기 때문이다. 하지만 어떤 선택을 하던 우리는 최선을 다해야 하며 심혈을 기울여 따라야 한다. 그래야 우리는 자신의 선택을 성공시킬 수 있다.

 기회는 항상 준비된 사람에게 주어진다. 당신이 기회를 잘 잡으려면 반드시 충분히 강해져야 한다. 자신을 강하게 만드는 가장 좋은 방법은 오랜 시간 꾸준히 노력하고, 묵묵히 분투하는 것이다. 당신이 준비되어 만개하면 나비는 스스로 찾아올 것이며, 당신이 강해지면 하늘이 알아서 도와줄 것이라고 믿는다.

단어

细看 xìkàn   상세히 보다, 면밀히 관찰하다
选择 xuǎnzé   선택, 고르다
放弃 fàngqì   포기하다, 버리다
注定 zhùdìng   반드시, 필연적으로(운명적으로 정해져 있는)
否则 fǒuzé   만약 그렇지 않다면
迷失 míshī   (길, 방향 등) 잃다
心烦意乱 xīnfányìluàn   마음이 어수선하고 정신이 산란하다
判断 pànduàn   판단하다
准确 zhǔnquè   확실하다, 틀림없다
检验 jiǎnyàn   검증하다
全力以赴 quánlìyǐfù   전력을 다해 일에 임하다, 최선을 다하다
用心 yòngxīn   마음을 쓰다, 심혈을 기울이다
跟进 gēnjìn   뒤를 따르다
把握 bǎwò   (꽉 움켜)쥐다, 포착하다
机遇 jīyù   좋은 기회, 찬스
足够 zúgòu   족하다, 충분하다
坚持不懈 jiānchíbúxiè   조금도 느슨하지 않고 끝까지 유지하다
默默无闻 mòmòwúwén   이름이 세상에 알려지지 않다
奋斗 fèndòu   (목표에 도달하기 위해) 분투하다
若 ruò   만약 ~~ 라면
盛开 shèngkāi   (꽃이) 활짝 피다, 만개하다
蝴蝶 húdié   나비
安排 ānpái   마련하다, 처리하다

02 善良都在细微处

　　小男孩睡眼惺忪地醒来，发现迟到了。他没来得及洗漱，就往学校跑去。到了教室，他偷偷溜到座位上，可刚坐下，就被老师发现了。老师大吼："你怎么又迟到了！出去罚站！"男孩打了一个冷颤，接着满脸通红。他仿佛要激怒老师，仍旧坐在座位上。就在老师快要发怒时，同桌女孩不小心打翻了课桌上的水壶，满满一壶水全泼在小男孩身上……

　　多年后，男孩与女孩结婚了。婚礼上，他说："我永远记得她将水泼在我身上的那一刻，其实，那天她是故意的。"台下人都吃了一惊。新郎继续说："当时她发现我被老师突然一骂，吓得尿裤子了。从那一刻开始，我就知道她是世界上最善良的人！"

〈선량함은 항상 사소한 곳에 있다〉

　　사내아이는 잠이 덜 깬 듯 게슴츠레한 눈으로 깨어났다. 이미 늦었다는 걸 알고, 미처 세수도 못하고 학교로 뛰어갔다. 교실에 도착한 사내아이는 몰래 슬그머니 자리에 앉았는데 앉자마자 선생님한테 들켰다. "이 녀석 또 지각했군, 나가서 벌을 서라"고 선생님이 고함을 쳤다. 사내아이는 무서워 벌벌 떨었고, 이어서 얼굴이 벌겋게 상기되었다. 사내아이는 마치 선생님을 더 화나게 하려는 듯 계속 자리에 앉아있었다. 선생님이 더 심하게 화를 내려고 할 때, 짝꿍 여자아이가 실수로 책상 위의 주전자를 엎었고 주전자의 물이 모두 사내아이에게 쏟아졌다.

　　여러 해가 지난 후 사내아이와 짝꿍인 여자아이는 결혼했다. 그는 결혼식장에서 "그녀가 나에게 물을 쏟았던 그때를 나는 영원히 기억할 겁니다. 솔직히 그날 그녀는 일부러 그랬습니다."라고 말했다. 식장의 사람들이 모두 놀라자, 신랑은 "그때 저는 갑자기 선생님께 혼이 나서 놀란 나머지 바지에 오줌을 싼 걸 그녀가 알아차렸습니다. 그때부터 나는 그녀야말로 세상에서 가장 착한 사람이라는 걸 깨달았습니다."라고 말했다.

단어

善良 shànliáng　착하다, 선량하다
细微 xìwēi　사소하다, 작은 일
睡眼惺忪 shuìyǎnxīngsōng　졸음이 가시지 않아 게슴츠레하게 눈을 뜨다
迟到 chídào　지각하다
洗漱 xǐshù　세수하고 양치질하다
溜 liū　미끄러지다
大吼 dàhǒu　(큰소리로) 고함치다
罚站 fázhàn　벌로 서 있게 하다
打冷颤 dǎlěngzhàn　(무섭거나 추워서) 몸을 벌벌 떨다
通红 tōnghóng　새빨갛다
仿佛 fǎngfú　마치 ~~ 인 듯하다, 비슷하다
激怒 jīnù　몹시 화가 나다, 격노하다
同桌 tóngzhuō　옆자리 짝꿍
打翻 dǎfān　엎지르다
水壶 shuǐhú　주전자
泼 pō　물을 뿌리다
故意 gùyì　일부러, 고의로
吃惊 chījīng　깜짝 놀라다
新郎 xīnláng　신랑
吓 xià　놀라다
尿裤子 niào kùzi　바지에 오줌을 싸다

03 别站在烦恼里仰望幸福

　　每个人都有自己的事要做, 不论是悦心的好事, 还是无奈的烦琐。每个人有每个人的生活难题, 每个人有每个人的心情纠结, 每个人有每个人的人生答案。没有谁的生活里都是幸福, 没有烦恼。一个人的不幸, 是从羡慕别人开始的。我们没必要效仿别人, 管好自己的嘴, 守住自己的心, 羡慕别人的生活, 只会给自己带来混乱和迷茫。我们羡慕别人的快乐, 总觉得自己笑声太少, 其实你哪里知道别人的烦恼, 或许别人的笑颜下, 隐藏着比你更深的苦痛。我们仰望别人的幸福, 总以为只有自己与不幸为伍, 其实别人何尝不是这样看你, 只是你觉察不到罢了。

〈고민 속에서 행복을 우러러보지 마세요〉

　　누구나 자신이 해야 할 일이 있다, 마음이 즐거운 좋은 일이든 어쩔 수 없는 번거로운 일이든 말이다. 사람은 누구나 생활의 어려움이 있고, 누구나 심리적 갈등을 겪지만 자신만의 인생 답안이 있다. 그 누구의 삶도 걱정 없이 행복만으로 가득하진 않다. 한 사람의 불행은 다른 사람을 부러워하는 데서 시작된다. 우리는 다른 사람을 모방할 필요도 없으며, 말조심하고 자신의 마음을 잘 다스려야 한다. 타인을 부러워하는 삶은 자신에게 혼란과 막막함만을 가져다줄 뿐이다. 타인의 즐거움을 부러워하며 자신은 언제나 웃을 일이 너무 적다고 느끼지만, 당신이 타인의 고민을 어떻게 알 수 있을까, 어쩌면 타인의 웃는 얼굴 뒤에는 당신보다 더 깊은 고통이 숨겨져 있을지도 모른다. 우리는 타인의 행복을 우러러보며, 늘 자신만이 불행 속에 살고 있다고 생각하지만 사실 다른 사람은 당신을 그렇게 보지 않는다, 단지 당신이 느끼지 못할 뿐이다.

단어

烦恼 fánnǎo 번뇌, 고민
仰望 yǎngwàng 우러러보다
不论 búlùn ~~을 막론하고, ~~든지
悦心 yuèxīn 마음을 즐겁게 하다
无奈 wúnài 어찌할 도리가 없다
烦琐 fánsuǒ 번거롭다, 장황하다
纠结 jiūjié 서로 뒤엉키다, 고민하다
羡慕 xiànmù 부러워하다, 흠모하다
效仿 xiàofǎng 흉내를 내다, 모방하다
混乱 hùnluàn 혼란
迷茫 mímáng 아득하다, 막막하다
或许 huòxǔ 아마, 어쩌면
隐藏 yǐncáng 숨기다, 감추다
为伍 wéiwǔ 동료(한패)가 되다
何尝 hécháng 언제 ~~ 한 적 있느냐
觉察 juéchá 깨닫다, 알아차리다
罢了 bàle (서술문 끝에 쓰여) ~~할 뿐이다

04 不良表情，老化最大元凶

　　只要改掉不良表情，也能年轻美丽好运到。美容外科医学会理事长林静表示，不良表情和肌肉过度使用，是造成脸部功能性老化的最大元凶。她建议让大家先改掉不良表情习惯，变美其实可以不用动刀。很多人因生活习惯不佳或是工作压力过大，总是让脸部肌肉处于紧绷过度施力的情况，肌肉过度使用会让表情变成一脸横肉，给人很凶，很严肃的印象，别人一看当然不想亲近。

　　林静说，想要新春开运，应先改掉皱眉、眯眼、吸鼻、抿嘴、咬牙切齿等不良习惯。有视力问题的人，应彻底检查视力，配一副适合的眼镜，别再眯着眼看东西。经常爱用力抿着嘴的人，应练习让嘴角上扬，把嘴巴周围的肌肉放松，不要时时咬着牙，让人看了很畏惧。鼻过敏的人应治疗好过敏问题，改掉吸鼻子的不当习惯。

〈나쁜 표정은 노화의 가장 큰 주범〉

　　나쁜 표정만 고쳐도 젊고 아름다워지며 행운이 뒤따른다. 성형외과 의학회 이사장인 임정은 나쁜 표정과 안면 근육의 과도한 사용이 안면의 기능성 노화를 초래하는 가장 큰 주범이라고 말한다. 그녀는 사람들에게 먼저 나쁜 표정을 짓는 습관부터 고치라고 조언하며, 사실 아름다워지는 데는 수술이 필요 없다고 말한다. 많은 사람들이 생활 습관이 나쁘거나 업무 스트레스가 심해 항상 안면 근육이 팽팽하게 당겨지고 지나치게 힘을 주는 상황에 놓인다. 안면 근육을 과도하게 사용하면 표정이 험상궂게 변하여 타인에게 매우 흉폭하고 엄숙한 인상을 줄 수 있다. 다른 사람이 보면 당연히 가까이 다가가고 싶지 않다.

　　임정은 새 봄을 맞아 행운을 부르려면 먼저 미간 찌푸리기, 실눈 뜨기, 코 훌쩍거리기, 입술 오므리기, 이 갈기 등등 나쁜 습관을 고쳐야 한다고 말한다. 시력에 문제가 있는 사람은 반드시 시력 검사를 철저히 하여 적합한 안경을 착용하여 눈을 가늘고 뜨고 물건을 보지 않도록 한다. 자주 힘을 주어 입을 오므리는 사람은 입가가 위로 올라가도록 연습한다, 입 주변의 근육을 풀고, 다른 사람에게 무섭게 보이지 않도록 이빨을 꽉 물지 않도록 한다. 코 알레르기가 있는 사람은 알레르기 문제를 잘 치료하여 코를 훌쩍거리는 나쁜 습관을 고쳐야 한다.

단어

元凶 yuánxiōng 원흉, 주범
理事长 lǐshìzhǎng 이사장
肌肉 jīròu 근육
建议 jiànyì 건의하다, 추천하다, 조언하다
紧绷 jǐnbēng 팽팽하게 잡아당기다
施力 shīlì 힘을 주다
一脸横肉 yīliǎnhéngròu 험상궂은 얼굴
严肃 yánsù 엄숙하고 근엄하다
亲近 qīnjìn 친밀하게 사귀다
开运 kāiyùn 행운을 부르다
皱眉 zhòuméi 미간을 찌푸리다
眯眼 mīyǎn 눈을 가늘게 뜨다
吸鼻 xībí 코를 훌쩍거리다
抿嘴 mǐnzuǐ 입을 오므리다
咬牙切齿 yǎoyáqièchǐ (격분하여) 이를 갈다
彻底 chèdǐ 철저히 하다
嘴角 zuǐjiǎo 입가
上扬 shàngyáng 오르다, 상승하다
畏惧 wèijù 무섭고 두렵다
过敏 guòmǐn 예민하다, 알레르기
不当 bùdāng 부당하다, 잘못되다

05 啤酒

　　北京人爱喝啤酒，吃烧羊肉，涮火锅，少不了来上几瓶。特别是到了"桑拿天"，来上一瓶冰镇啤酒，简直是享受！"啤酒"流传到北京的历史并不久远。那么，"啤酒"一词是怎么来的？"啤酒"一词是青岛人发明的，最早称"皮酒"、"脾酒"。1897年11月，德国人占领山东青岛后，也将啤酒带入这座城市，由此啤酒"BIER"一词开始在青岛广泛使用。1903年，英国和德国商人在青岛登州路上创办了中国首家啤酒厂"日耳曼啤酒公司青岛股份公司"，根据国外对啤酒的称呼，如德国称"Bier"、英国称"Beer"、法国称"Biere"、意大利称"Birre"等。这些外文都含有"皮"的发音，又由于这种饮料含有一定量的酒精，故翻译时用了"皮酒"一词，后来因为"啤酒"具有养肝益脾之功效，所以青岛人把"皮酒"又称作"脾酒"，表示常喝"脾酒"可以养肝益脾，此后"脾酒"被演化为"啤酒"，以后逐渐在国内流行，且沿用至今。

　　外国人在青岛设立啤酒厂之前，汉字里并没有这个字。由此可见，啤酒的"啤"字是由青岛人发明的。

〈맥주〉

　　북경 사람들은 맥주를 즐겨 마신다. 양고기를 굽거나 火锅(훠궈)를 먹을 때면 몇 병의 맥주는 빠질 수가 없다. 특히 여름날 찜통더위에 차가운 맥주 한 병은 그야말로 최고의 즐거움이다. 맥주가 북경에 전해진 역사는 그리 길지 않다. 그럼 맥주라는 이 단어는 어떻게 생겨난 걸까? 맥주라는 단어는 청도 사람이 만든 것으로 처음에는 "皮酒" 혹은 "脾酒"로 불렀다. 1897년 11월 독일 사람이 산동성 청도를 점령한 후 맥주를 이 도시에 들여왔으며, 이 때부터 'BIER'라는 단어가 청도에서 널리 쓰이기 시작했다.

　　1903년 영국과 독일 상인이 청도의 "덩저우(登州路)"에 중국 최초의 맥주

공장인 "르얼만(日耳曼) 맥주청도주식회사"를 세웠다. 외국에서 맥주를 부르는 명칭은 예를 들어 독일은 "Bier", 영국은 "Beer", 프랑스는 "Biere", 이태리는 "Birre" 등으로 외국어에는 모두 "皮"라는 발음이 들어있다. 게다가 이 음료에는 일정량의 알코올이 포함되어 있어 "皮酒"라는 말로 번역해 사용하였다. 그 후 맥주는 간을 보양하고 비장을 이롭게 하는 효능도 있어 청도 사람들은 "皮酒"를 "脾酒"로 불렀다. 이는 "脾酒"를 자주 마시면 간을 보양하고 비장을 이롭게 하는 걸 의미한다. 그 후 "脾酒"에서 "啤酒"로 바뀌었고, 점차 국내로 유행하여 지금까지 계속 사용하고 있다. 외국인이 청도에 맥주 공장을 설립하기 전까지 중국어에는 이 글자가 없었다. 이런 점으로 미루어 볼 때 맥주의 "啤"자는 청도 사람들이 만들어 낸 것임을 알 수 있다.

단어

烧 shāo 불태우다, 굽다
涮火锅 shuànhuǒguō 샤부샤부
桑拿天 sāngnátiān 찜통더위
冰镇 bīngzhèn 얼음으로 차게 하다, 얼음에 재우다
享受 xiǎngshòu 즐기다, 누리다
流传 liúchuán 세상에 널리 퍼지다
久远 jiǔyuǎn 멀고 오래다, 까마득하다
占领 zhànlǐng 점령하다
广泛 guǎngfàn 광범위하다, 폭넓다
创办 chuàngbàn 창립하다, 세우다
故 gù (원인 등) ~~로 인해
含有 hányǒu 포함하다, 함유하다
酒精 jiǔjīng 알코올
功效 gōngxiào 효능, 효과
逐渐 zhújiàn 점차, 차츰차츰
演化 yǎnhuà 진화하다
养肝益脾 yǎnggānyìpí 간을 보호하고 비장을 이롭게 하다
且 qiě 오랫동안
沿用 yányòng 계속하여 사용하다
由此可见 yóucǐkějiàn 이로써 알 수 있다

06 你该不该相信直觉?

谁说直觉不科学?为什么直觉有时候惊人地正确,有时候却错得离谱?本书将要揭开深藏在你意识中最大的秘密。直觉到底是什么?直觉如何产生?为什么我们常常会被突如其来的念头入侵?它是科学,灵性,还是非理性,令人无法信赖的错觉?经过几十年的研究,科学家们终于第一次如此靠近直觉的真相。

你一定曾经有过这些疑惑,它们背后是否藏有看不见的神秘力量?什么女人的直觉比男人更敏锐,更准确?为什么不常买彩票的人容易中奖,不常赌博的人更容易赢?为什么当你正在想一个人的时候,这个人就打电话来了?为什么绞尽脑汁记不起一个人的名字,不去想时,这个人名却突然闪现?为什么你会完全不靠理性思考,就喜欢上或讨厌一个人或一件艺术品?投资股票,选择对象,聘雇员工……我们应该要理性分析,还是听从直觉?

⟨직감을 믿어야 할까요?⟩

누가 직감을 비과학적이라고 말하는가? 왜 직감은 때론 놀라울 정도로 정확하지만, 때론 엉뚱하게 빗나가는가? 이 책은 당신의 의식 속에 깊이 숨겨진 가장 큰 비밀을 파헤쳐줄 것이다. 직감이란 도대체 무엇이며, 어떻게 생겨날까? 왜 우리는 항상 갑자기 떠오르는 생각에 지배당하는 걸까? 이것은 과학이며 영적인 능력인가 아니면 비이성적이며 전혀 신뢰할 수 없는 착각에 불과한 것일까? 수십 년의 연구를 통해 과학자들은 마침내 처음으로 직감의 진실에 가까이 다가섰다.

당신은 분명 직관 속에는 보이지 않는 신비한 힘이 숨겨져 있는 게 아닌가 하는 의문을 가진 적이 있을 것이다. 여자의 직감이 남자보다 더 예리하고 더 정확하다든지, 어째서 복권을 자주 사지 않는 사람이 쉽게 당첨되고, 도박을 자주 하지 않는 사람이 더 쉽게 이기는 걸까? 왜 당신이 누군가를 생각하고 있을 때 그 사람한테서 전화가 오는 것이며? 어째서 머리를 쥐어짜도 생각나지 않던 한 사람의 이름이 생각지도 않게 갑자기 떠오르는 걸까? 왜 당신은 이성적인 사고에 근거하지 않고 누군가 혹은 예술품을 좋아하거나 싫어할까? 주식에 투자하고, 연애 대상을 고르고, 직원을 채용할 때…… 우리는 이성적으로 분석해야 할까 아니면 직관에 따라야 할까?

단어

直觉 zhíjué 직감
惊人 jīngrén 사람을 놀라게 하다
离谱 lípǔ 동떨어지다, 터무니없다
揭开 jiēkāi 폭로하다, 드러나다
深藏 shēncáng 깊이 감추다
秘密 mìmì 비밀, 은밀하다
突如其来 túrúqílái 갑자기 닥쳐오다
入侵 rùqīn 침입하다
信赖 xìnlài 신뢰하다
疑惑 yíhuò 의혹, 의심스럽다
神秘 shénmì 신비롭다
敏锐 mǐnruì (감각이) 예민하다
彩票 cǎipiào 복권
中奖 zhòngjiǎng 당첨되다
赌博 dǔbó 노름, 도박하다
绞尽脑汁 jiǎojìnnǎozhī 온갖 지혜를 짜내다
闪现 shǎnxiàn 언뜻 나타나다
讨厌 yǎoyàn 싫다, 혐오하다
股票 gǔpiào 증권, 주식
聘雇 pìngù 고용하다
听从 tīngcóng 따르다, 복종하다

07 包子进入美国家庭

　　中式食物进入欧美社会不稀奇,但当包子成为美国人早餐选项时,那就稀奇了。「洛杉矶时报」今天就以两大版专文介绍包子,以及中式面团做法,让美国人也能在家做包子。洛杉矶时报美食版今天刊载由美食家安德瑞亚(Andrea)撰写的文章指出,不少美国家庭已经习惯在周末上午,前往华人聚集的地区,享用港式饮茶,作为另类早午餐的选项,「中餐已经走出唐人街,进入美国日常饮食文化」。

　　不仅如此,在包括好市多(Costco)在内的大型超市里,都可以看到冷冻包子的踪影。许多美国人会买回家微波之后,当作点心或正餐食用。文章也特别说明包子与传统西式食物做法的差异。文章指出,中式面团与西式面团做法类似,但烹煮方式则天差地别。有别于西式面团直接放入烤箱里烤,中式面团在添加绞肉,蔬菜与酱料之后,是以蒸煮方式将包子蒸熟,也因为这道料理过程的差异,让包子呈现膨松,弹性,让人忍不住食指大动。

〈빠오즈 미국 가정에 진출하다〉

　　중국 음식의 서구 사회 진출은 드문 일이 아니지만, 빠오즈가 미국인 아침 식사 메뉴의 새로운 옵션으로 등장한 건 신기한 일이다. LA타임즈는 오늘 칼럼에서 중국식 밀가루 반죽법과 미국인들도 가정에서 빠오즈를 만들 수 있도록 설명하는 등, 빠오즈를 집중적으로 소개하는 내용을 두 면에 걸쳐 실었다. LA타임즈 푸드 에디션은 미식가인 "안드레아(Andrea)"가 쓴 문장을 게재하며, 이미 많은 미국 사람들이 주말 오전에 중국인들이 많이 모이는 지역으로 가서 홍콩 식 차 문화를 즐기는 게 브런치의 새로운 옵션이 되었다고 언급하였다, 중국 음식은 이미 차이나타운을 벗어나 미국의 일상적인 음식 문화에 진입했다고 설명하였다. 이뿐만 아니라 코스트코를 포함한 대형 마트에서 냉동 빠오즈를 구매할 수 있어 많은 미국인들이 집에서 전자레인지로 데워 간식 혹은 정식 식사로 먹는다.

  특히 칼럼에는 빠오즈와 전통 서양식 조리법의 차이를 언급하며, 중국식 밀가루 반죽은 서양식 밀가루 반죽과 방법은 비슷하지만 조리 방식은 천차만별이라고 설명한다. 서양식 반죽이 오븐에 바로 넣어 굽는 것과 달리 중국식 반죽은 다진 고기, 야채, 소스를 첨가한 후 찌는 방식으로 빠오즈를 익힌다. 이런 조리 과정의 차이로 빠오즈는 부풀어 오르고 탄력이 생겨 구미가 당긴다.

단어

稀奇 xīqí 희귀하고 드물다
选项 xuǎnxiàng 선택 사항, 옵션
洛杉矶 luòshānjī 미국 로스엔젤레스(Los Angeles)
专文 zhuānwén 칼럼, 특집 기사
面团 miàntuán 밀가루 반죽 덩어리
刊载 kānzǎi 출판물에 싣다, 게재하다
撰写 zhuànxiě 문장을 쓰다
聚集 jùjí 모이다
港式 gǎngshì 홍콩식, 홍콩 스타일
唐人街 tángrénjiē 차이나타운
不仅如此 bùjǐn rúcǐ 그뿐만 아니라
好市多 hǎoshìduō 코스트코 (미국의 대형 마트)
踪影 zōngyǐng 행방, 자취
微波 wēibō 전자레인지로 데우다 (微波炉 전자레인지)
当作 dàngzuò ~로 삼다, 여기다
类似 lèisì 비슷하다, 유사하다
烹煮 pēngzhǔ 요리하다
天差地别 tiānchādìbié 천차만별(차이가 많다)
烤箱 kǎoxiāng 오븐(oven)
绞肉 jiǎoròu 잘게 간 고기, 다진 고기
呈现 chéngxiàn 나타나다
膨松 péngsōng 부풀어서 폭신폭신하다
食指大动 shízhǐdàdòng 구미가 당기다

08 陪购师

　　台媒称，你逛街是花钱，她逛街却是在赚钱。大陆新兴行业"陪购师"，日常工作就是游走于商场一对一的陪客户逛街。乍听之下是个美差，其实这一行学问颇多，没两把刷子赚不了这个钱。

　　据台湾中时电子报5月21日报道称，随着大陆生活水准提高，民众不再受限于温饱问题，对个人形象要求越来越高，渴望变得美丽帅气，因此陪购师的市场需求不断升级。陪购师的"旺季"是换季时期，人们买新衣的需求达到高峰，职业妇女、刚毕业的大学生及家庭主妇对陪购师需求最大。

　　山东济南"90后"美女刘静艺从事陪购师新兴职业已经5年，陪客户逛街、推荐衣帽鞋包、改变和提升客户形象就是她主要工作和收入来源。刘静艺说，帮客户成功塑造形象的前提是必须先了解她。每个客户的身高、体重、骨架、肤色等都不相同，她在逛街前会先为客户做体型、色彩、风格三步测试，并且做好沟通，以充分了解对方的性格、职业、穿衣喜好等。

〈쇼핑 어드바이저〉

　　당신이 상점을 돌아다니며 쇼핑을 하는 게 돈을 쓰는 거라면, 그녀는 쇼핑을 하는 게 오히려 돈을 버는 거라고 대만 언론은 보도하였다. 중국 대륙의 신흥 업종인 〈쇼핑 어드바이저〉의 업무는 고객과 일대일로 상점을 돌아다니며 쇼핑을 돕는다. 언뜻 들으면 꽤 수월한 일자리인 것 같지만, 사실 이 업종은 전문성이 꽤 필요하고 수완이 좋지 않으면 돈을 벌 수 없다.

　　대만 〈中时电子报〉 5월 21일 보도에 의하면, 중국 대륙도 생활 수준이 높아지면서 사람들이 이제는 더 이상 먹고사는 문제에 구애 받지 않는다. 개인의 이미지에 대한 욕구가 갈수록 높아지며 아름답고 멋있어지길 갈망하기에 <쇼핑 어드바이저>의 수요는 계속 늘어난다고 한다. 환절기는 <쇼핑 어드바이저>의 성수기로서 사람들이 새 옷을 구매하려는 수요가 최고조에 달한다. 직장 여성, 막 대학을 졸업한 대학생 그리고 주부들이 <쇼핑 어드바이저>를 가장 많이 찾는다고 한다.

산동성 지난(济南)시의 90년대생 刘静艺는 쇼핑 어드바이저라는 신흥 업종에서 일한지 벌써 5년이 되었다. 고객과 함께 쇼핑을 하며 옷, 모자, 신발, 가방 등을 추천하며 고객의 이미지를 변화시키고 향상시키는 게 그녀의 주요 업무이자 수입원이다. 刘静艺는 고객을 도와 성공적으로 이미지를 변화시키려면 먼저 고객을 잘 파악해야 한다고 말한다. 고객마다 키, 체중, 체격, 피부색 등이 모두 다르다. 그녀는 쇼핑을 하기 전에 먼저 고객을 위해 체형, 색상, 스타일 등 3단계 테스트를 거친다. 아울러 원활한 소통을 위해 고객의 성격, 직업, 옷을 입는 취향 등을 충분히 이해한다.

단어

陪购师 péigòushī 쇼핑 어드바이저
逛街 guàngjiē 거리를 돌아다니며 쇼핑하다
乍听 zhàtīng 처음 듣다, 얼핏 듣다
美差 měichāi 좋은 직업
温饱 wēnbǎo 배불리 먹고 따뜻하게 옷을 입다, 풍족한 생활
渴望 kěwàng 갈망하다
旺季 wàngjì 성수기
高峰 gāofēng 절정, 최고점
推荐 tuījiàn 추천하다
形象 xíngxiàng 형상, 이미지
塑造 sùzào 빚어서 만들다
前提 qiántí 전제, 선결 조건
骨架 gǔjià (뼈대) 체격
风格 fēnggé 스타일

09 儿童免票标准再起争议

中国以身高作为儿童票的购票标准似乎已由来已久，那么其背后又有何考量？

北京某律师事务所副主任律师张冬光在此前接受中新网记者采访时表示，在解放初期，户籍登记制度以及身份信息情况不好确定，所以比较方便的方式就是看身高多高，并按这个来区分和收费。

而在部分领域的现实操作中，以身高为标准同样有比年龄更加明显的优势。

以公共交通为例，据北京的一名公交车司机介绍，以身高为标准，可以直接判断儿童是否在优惠范围之内，而如若每个孩子上车都要提供证件以查验年龄的话，则会导致效率过低。

今年4月，中国青年报社社会调查中心联合问卷网，对1969名儿童家长进行的一项调查显示，56.7%的受访家长认为以身高作为儿童票收取标准不合理，67.1%的受访家长赞同儿童票收取以年龄为准。

而数据从一定程度上也佐证了这些家长的看法。据媒体报道，中国疾控中心的数据显示，从1992年到2002年，全国六岁的城市男性儿童平均身高增加了4.9厘米，而到2012年又增加了3.7厘米，达到了1.2米，12岁儿童平均身高已超过了1.5米，14岁儿童的平均身高已达到或接近了1.6米左右。

北京市民曲女士就很赞成儿童票收取以年龄为准。在她看来，现在孩子营养都比较好，以曾经的标准来要求现在的孩子，不但有些"过时"，还很容易在购票过程中产生矛盾。

而更让她担心的是，当孩子看到其他小朋友可以享受优惠而自己不行时，甚至会让孩子里留下心理阴影。

<아동 무임승차 기준 논란 재연>

중국에서 키를 어린이 티켓의 구매 기준으로 삼은 건 꽤 오래 전 일이다. 그렇다면 그 이면에는 어떤 판단이 있었을까? 북경의 한 법률사무소의 **张冬光** 부주임 변호사는 **中新网** 기자와의 인터뷰에서 해방 초기에는 호적 등 기제도 및 신원 정보가 제대로 갖춰지지 않았다, 그래서 키가 얼마나 되는지 같은 비교적 쉬운 방법으로 구분하여 요금을 받았다고 설명하였다. 일부 분야는 현실적인 적용 면에서 키를 기준으로 삼는 것이 나이보다 확실히 편리했다. 대중교통을 예로 들면, 북경의 한 버스 기사는 키를 기준으로 삼으면 어린이가 혜택 범위 안에 있는지 여부를 직접 판단할 수 있지만, 만약 어린이가 탑승할 때마다 신분증을 제시해 연령을 확인한다면 오히려 비효율적이라고 말한다.

올해 4월 중국 청년신문사 사회조사센터의 설문 조사에서 1,969명의 학부모를 대상으로 한 조사에서 응답자의 56.7%는 키로 어린이 표를 받는 것은 불합리하다고 답했고, 67.1%는 연령 기준으로 어린이 표를 받는 것에 찬성하였다. 이 수치는 일정 범위에서 학부모들의 의견을 뒷받침하고 있다. 중국질병통제센터의 데이터에 따르면, 1992년부터 2002년까지 전국 도시의 6세 남자 어린이의 키가 평균 4.9cm 커졌고, 2012년까지 3.7cm가 자라 1.2m에 달했다. 12세 어린이의 평균 키는 1.5m를 초과하였고, 14세 어린이의 평균 키는 이미 1.6m이 되거나 근접한다고 매체는 보도하였다.

북경 시민인 **曲** 여사는 어린이 표를 받는 기준을 연령으로 삼는 것에 전적으로 동의한다. 그녀가 볼 때, 요즘은 아이들의 영양 상태가 비교적 좋은 편이며, 예전의 기준을 요즘 아이들에게 적용하는 건 "구시대적"일 뿐만 아니라 티켓 구매 과정에서도 마찰이 생기기 쉽다고 말한다. 하지만 그녀가 더 걱정하는 건, 자신보다 작은 아이는 혜택을 받고 자신은 안 된다고 했을 때 아이에게 심리적인 상처를 남길 수 있다는 점이다.

단어

标准 biāozhǔn 　 표준, 기준
争议 zhēngyì 　 논쟁
由来 yóulái 　 유래, 이유
考量 kǎoliàng 　 고려하다, 생각하다
律师 lǜshī 　 변호사
采访 cǎifǎng 　 취재하다, 인터뷰하다
户籍登记 hùjí dēngjì 　 호적 등록
收费 shōufèi 　 요금을 받다
操作 cāozuò 　 다루다, 조작하다
优势 yōushì 　 우세하다, 장점
判断 pànduàn 　 판단하다
优惠 yōuhuì 　 우대하다, 특혜
范围 fànwéi 　 범위
如若 rúruò 　 만약
查验 cháyàn 　 검사하다
导致 dǎozhì 　 (어떤 사태를) 초래하다, 야기하다
问卷 wènjuàn 　 설문조사
收取 shōuqǔ 　 받다, 접수하다
数据 shùjù 　 데이터, 통계 수치
佐证 zuǒzhèng 　 증거, 증명하다
疾控中心 jíkòng zhōngxīn 　 질병 예방 통제 센터
厘米 límǐ 　 센티미터 (cm)
赞成 zànchéng 　 찬성하다, 동의하다
营养 yíngyǎng 　 영양, 양분
矛盾 máodùn 　 모순
享受 xiǎngshòu 　 누리다, 즐기다
心理阴影 xīnlǐ yīnyǐng 　 정신적인 트라우마

⑩ 健品诈骗类骗局

不久前，80多岁的林大爷在路上收到一份宣传单。传单上说，海淀区交大东路附近一家公司能免费听健康知识讲座，还能领取小礼品。林大爷照着传单上的地址找了去，不仅听了免费讲座、领了小礼品，店员还邀请他参加公司组织的采摘活动。在接下来的讲座中，店员极力推荐林大爷购买公司旗下的"保健神药"——"牛初乳粉"。这款保健品号称能治疗高血压、糖尿病等疾病，效果显著。林大爷深信不疑，当场就花12000多元购买了两盒，甚至还把平时吃的高血压药给停了。

不料，林大爷吃了这款特效保健品，血压非但没恢复，还更高了。他这才意识到——被忽悠了！

西三旗派出所打击办案队民警赶赴林大爷提供的公司地址，经过蹲守，初步断定这是一个以售卖保健品为名实施诈骗的犯罪团伙。11月6日民警果断出击，在该公司内一举抓获以李某为首的9名嫌疑人，并起获了大量在售的"牛初乳粉"。

经讯问，嫌疑人李某等人交代，他们以发放宣传册、小礼品的方式吸引老年人进店，通过"讲座"方式对老人进行"洗脑"，再组织老人去郊区采摘，骗取信任，最终的目的就是向老人高价推销号称可治疗老年慢性病的"牛初乳粉"。

而经相关部门鉴定，这款"牛初乳粉"只是普通的奶制品，并没有治病的功效，却被卖到了一盒6400元的天价！许多老人都被骗几千元至数万元不等。

〈건강 기능식품 판매 사기〉

얼마 전 80대 중반의 임 할아버지는 길에서 전단지 한 장을 받았다. 전단지에는 海淀区 交大东路 부근의 한 회사에서 무료로 건강 지식 강좌를 들을 수 있고, 작은 선물도 받을 수 있다고 쓰여 있었다. 임 할아버지는 전단지 주소대로 찾아가 무료 강좌를 듣고 작은 선물도 받았다. 뿐만 아니라 직원은 회사에서 기획한 채집 행사에 할아버지를 초대하였다. 이어진 강좌에서 직원이 임 할아버지에게 계열 회사의 건강 신약인 "우초유분(牛初乳粉)"을 구매하라고 적극 추천하였다. 이 건강 보조품은 고혈압, 당뇨 등의 질병 치료에 매우 효과적이라고 설명하였다. 임 할아버지는 조금도 의심하지 않고 현장에서 12,000여 위안을 지불하고 두 갑을 구매하였고, 심지어 평소에 먹던 고혈압 약의 복용도 중단하였다. 하지만 뜻밖에 임 할아버지는 이 건강 보조식품을 먹었는데도 혈압이 회복되지 않았고 오히려 더 높아졌다. 그때서야 임 할아버지는 자신이 사기 당한 걸 깨달았다.

西三旗 파출소의 단속반 경찰들은 임 할아버지가 제보한 회사 주소로 출동하여 잠복근무를 하며, 이들이 건강 보조식품 판매를 명목으로 사기 행각을 벌이는 범죄 조직이라고 잠정 결론을 내렸다. 11월 6일, 경찰이 출동하여 수괴 이 모씨를 비롯하여 9명의 용의자를 일거에 체포하였고, 판매 중인 "우초유분(牛初乳粉)"을 무더기로 압수하였다. 경찰 심문과 이 모씨 등의 진술에 의하면, 그들은 광고 책자와 작은 선물을 나눠주는 방식으로 노인들을 회사로 유인한 후 "강좌"를 통해 노인들을 현혹시켰다. 또한 노인들이 참가하는 야외 채집 행사를 기획하여 신뢰를 쌓았고, 결국 노인들에게 만성 질환을 치료할 수 있다고 떠벌이며 "우초유분(牛初乳粉)"을 비싸게 파는 것이 그들의 최종 목적이었다.

관계 당국의 감정 결과, "우초유분(牛初乳粉)"은 단지 일반적인 유제품일 뿐 치료 효과가 없는데도 한 갑에 6,400위안이라는 엄청난 고가에 팔았다. 많은 노인들이 수천 위안에서 수만 위안까지 사기를 당했다.

단어

宣传单 xuānchuándān 광고 전단
讲座 jiǎngzuò 강좌
领取 lǐngqǔ 받다, 수령하다
邀请 yāoqǐng 초대하다
采摘 cǎizhāi (과일, 야채 등을) 따다, 뜯다
极力 jílì 적극적으로
旗下 qíxià (어느 회사에 소속된 계열) 자회사
号称 hàochēng ~ 라고 불리다, 과장되게 공언하다
高血压 gāoxuèyā 고혈압
糖尿病 tángniàobìng 당뇨병
显著 xiǎnzhù 뚜렷하다, 현저하다
深信不疑 shēnxìnbùyí 한 치의 의심도 없다, 철석같이 믿다
恢复 huīfù 회복하다
忽悠 hūyōu 속이다, 거짓말하다
派出所 pàichūsuǒ 파출소
办案队 bàn'àndùi 사건 처리반, 단속반
蹲守 dūnshǒu 잠복근무
断定 duàndìng 판정하다, 결론을 내리다
诈骗 zhàpiàn 사기 치다
团伙 tuánhuǒ 범죄 조직
果断 guǒduàn 과감하게
一举抓获 yījǔ zhuāhuò 일거에 체포하다
嫌疑人 xiányírén 용의자, 피의자
起获 qǐhuò 압수하다
讯问 xùnwèn 알아보다, 취조하다
交代 jiāodài (어떤 사실 등을) 진술하다, 자백하다
发放 fāfàng 나누어주다, 발급하다
洗脑 xǐnǎo 세뇌하다
骗取 piànqǔ 속여서 얻다, 편취하다
推销 tuīxiāo 널리 팔다
鉴定 jiàndìng 평가하다, 감정하다
天价 tiānjià 최고가, 엄청난 가격
骗局 piànjú 속임수, 사기 행각

<마지막 당부의 말>

본 교재를 통해 직독직해를 연습해왔다면 그동안 어렴풋하게 각인되어 있던 중국어 문장 구조가 좀 더 체계적으로 정리가 되었으리라 생각된다. 그리고 무엇보다 중국어 문장에 대한 적응력이 한층 높아졌을 것이다. 그래도 아직은 직독직해를 편안하게 할 수 있는 단계는 아닐 것이다. 앞으로도 꾸준히 직독직해를 연습해 자신만의 노하우를 터득하길 바란다.

직독직해가 익숙해지면 문법보다는 글의 내용에 더 집중하게 된다. 이는 곧 문법에 얽매어 정작 숲을 보지 못하고 나무에만 집중하던 학습자에게 중국어가 학습적인 "독해"에서 재미있는 "읽기"의 대상으로 바뀌는 계기가 될 것이다.

끝으로 본 교재를 통해 중국어 학습에 자신감을 갖게 되길 희망하며, 더 나아가 학습자의 말하기와 듣기에도 많은 도움이 되길 간절히 바란다.

MEMO